Die ersten 10 Jahre

Franz Vranitzky

Herausgeber: Edi Keck, Karl Krammer,
Heinz Lederer, Andreas Mailath-Pokorny, Oliver Rathkolb

Impressum: Verlag und Herstellung: D+R Verlagsges.m.b.H., Otto-Bauer-Gasse 6, 1060 Wien; Art-Direktion: Edi Keck; Graphik: Günther Schöffmann, Gabriele Schuster; Lektorat: Martin Grill, Regina Moshammer; Druck: Goldmann AG; Litho: Atelier Laut; Fotos: APA/Ulrich Schnarr, Terry Arthur, Otto Bartel, Bundesbildstelle Bonn/Reineke, Archiv des Bundeskanzleramtes, Matthias Cremer, Fotostudio Haslinger, Heeresbild- und Filmstelle, Hopi-Pressefoto, Alfredo Jagendorfer, Herbert Käfer, Johann Klinger, Klub der sozialistischen Landtagsabgeordneten Niederösterreichs, News/Zach-Kiesling, L'Osservatore Romano/Arturo Mari, Josef Pail, Rudolf Semotan, Agentur Votava, Agentur Votava/Pressens Bild, Roman Zach-Kiesling; Vertrieb: Franz Deuticke Verlagsges.m.b.H., Hegelgasse 21, 1010 Wien.
ISBN 3-216-30272-5

Inhalt

Vorwort 6
Die Herausforderung von 10 Jahren

Heinz Fischer 10
Österreichs politisches System 1986–1996

Henry Anatole Grunwald 26
Franz Vranitzky – an American Appreciation

André Heller 32
Von Verwünschern und Hummerragout

Henry A. Kissinger 40
Austria, Europe and the United States

Kiki Kogelnik 48
Alles, nur keine Schwammerln

Herbert Krejci 76
Industriestandort Österreich

Ferdinand Lacina 86
Das neue Europa und die sozialdemokratische Antwort

Peter Pelinka 98
Respekt, nicht Liebe. Der Kanzler und die Medien

Hugo Portisch 110
Das Erbe und die Ziele

Ari Rath 122
Der Mann, der es wagte,
an den Schatten der Vergangenheit zu rütteln

Fred Sinowatz 136
10 Jahre danach

Theo Sommer 146
Österreich, Deutschland und darüber hinaus

Biographie Franz Vranitzky 156

Autoren- und Herausgeberverzeichnis 158

Vorwort

Die Herausforderung von 10 Jahren

Als Franz Vranitzky am 16. Juni 1986 zum Bundeskanzler ernannt wurde, bedeutete das einen Generationensprung in der österreichischen Politik. In dem Jahrzehnt seither ist viel geschehen, vielleicht mehr und anderes, als man an diesem Tag auch nur erahnen konnte: Die Krise der verstaatlichten Industrie wurde ohne größere Friktionen gelöst. Die Waldheim-Affäre hat eine Änderung der Sichtweise der österreichischen Vergangenheit unter dem Nationalsozialismus mit sich gebracht. Österreich ist EU-Mitglied geworden. Sein politisches System hat sich verändert, es gibt mehr Parteien, noch stärkere Personalisierung und vor allem eine andere Medienlandschaft. Der Zusammenbruch des Kommunismus hat durch die Öffnung der Grenzen für Österreichs geopolitische Lage völlig neue Voraussetzungen geschaffen. Die Umweltpolitik ist spätestens seit der Katastrophe von Tschernobyl zu einer politischen Frage ersten Ranges geworden. Das sind längerfristige Entwicklungen, von denen wir alle betroffen sind und bei denen Franz Vranitzky als Chef von fünf Koalitionsregierungen eine zentrale Rolle gespielt hat.

10 Jahre sind in der Politik eine halbe Ewigkeit. Franz Vranitzky ist einer der längstdienenden Regierungschefs überhaupt. Vier Wahlgänge später ist 10 Jahre nach seinem Regierungsantritt ein guter Anlaß, diese Dekade von verschiedenen Seiten aus zu beleuchten.

Die vorliegenden Beiträge sollen die Vielfältigkeit und die unterschiedlichen Herausforderungen, die sich während der Zeit immer wieder ergaben, darstellen. Eingeladen wurden Persönlichkeiten, die auf sehr unterschiedliche Weise mit Franz Vranitzky zu tun hatten und haben. Ihr Blick auf seine Persönlichkeit und auf die 10 Jahre, die er mitgestaltet hat, soll helfen, eine Gesamtsicht zu entwerfen. Es wurden bewußt keine Vorgaben gemacht. So reichen die Beiträge von politisch-analytischen Ansätzen bis zu sehr persönlichen Zugängen, insgesamt erheben sie aber keinen Anspruch auf historische Vollständigkeit oder Wissenschaftlichkeit. Eine solche Analyse wird noch zu schreiben sein ...

Wie sehr sich das politische System Österreichs verändert hat, untersucht Heinz Fischer in einem ausführlichen Beitrag, der neben den politischen auch die staatsrechtlichen Aspekte berücksichtigt.

Den Blick von außen beschreiben Henry A. Grunwald, langjähriger Herausgeber von „Time“ und Botschafter der Vereinigten Staaten in Österreich, sowie Henry Kissinger, ehemaliger Außenminister der Vereinigten Staaten, die damit auch eine kurze Stellungnahme zur Geschichte und Entwicklung der transatlantischen Beziehungen zwischen Österreich und den Vereinigten Staaten geben.

Einen sehr persönlichen Zugang findet André Heller, der Franz Vranitzky in seinem kulturellen Umfeld beschreibt.

Diesen Blickwinkel hat auch die in Amerika lebende Kärntner Künstlerin Kiki Kogelnik, der ein Klima der kulturellen Offenheit Voraussetzung für Kreativität und Entfaltung ist.

Herbert Krejci, liberal-konservativer Wirtschaftsfachmann, unternimmt einen Blick auf die Wirtschaftspolitik des Sozialdemokraten Franz Vranitzky und trifft sich mit dessen Politik in einem Plädoyer für den Industriestandort Österreich.

Einsichten in eine neue wirtschafts- und finanzpolitische Gesinnung und ihre Umsetzung bietet der langjährige Finanzminister Ferdinand Lacina.

Als kritischer publizistischer Weggefährte hat Peter Pelinka den Bundeskanzler über Jahre hinweg begleitet und beobachtet. Sein Beitrag befaßt sich mit dem Kanzler im Medienzeitalter.

Wie die Arbeit Franz Vranitzkys in die jüngere Geschichte der Zweiten Republik einzuordnen ist, untersucht Hugo Portisch. Er hebt vor allem zwei Punkte besonders hervor: die Mitgliedschaft Österreichs in der Europäischen Union und seinen Umgang mit der Vergangenheit.

Ari Rath unternimmt es, Franz Vranitzkys Beitrag zur Aufarbeitung der NS-Vergangenheit und zur Normalisierung der österreichisch-israelischen Beziehung einer kritischen Würdigung zu unterziehen.

Fred Sinowatz schreibt in seinem Beitrag, was ihn dazu bewogen hat, Franz Vranitzky als Bundeskanzler vorzuschlagen. Erstmals wird damit in einer persönlich gehaltenen Stellungnahme klar, daß diese Entscheidung keineswegs eine spontane oder aus der Situation heraus geborene war.

Theo Sommer untersucht aus deutscher Sicht das Verhältnis zum österreichischen Nachbarn, aber auch die Rolle, die der europäische Staatsmann Franz Vranitzky dabei spielt.

Ergänzt werden diese Beiträge durch Ausschnitte aus signifikanten Reden. Insgesamt sind dies jeweils individuell gestaltete Versuche, Eindrücke eines Jahrzehnts wiederzugeben, das Franz Vranitzky durch seine Politik, seine Haltungen und seine Sprache wie kaum ein anderer österreichischer Politiker vor ihm geprägt hat.

Das Herausgeber-Team dankt allen, die am Zustandekommen dieses Buches beteiligt waren, insbesondere Brigitte Ederer, Ursula Haslauer, Hans Schmid und Gabriele Schuster.

Edi Keck
Karl Krammer
Heinz Lederer
Andreas Mailath-Pokorny
Oliver Rathkolb

Wien, im Mai 1996

9

Heinz Fischer

Präsident des Nationalrates

Österreichs politisches System 1986–1996

Vor zehn Jahren, im Juni 1986, wurde Franz Vranitzky als Nachfolger von Fred Sinowatz als Bundeskanzler der Republik Österreich angelobt.

Bundespräsident war Kurt Waldheim, der nach einem hart geführten Wahlkampf zum Nachfolger von Rudolf Kirchschläger gewählt worden war.

Vizekanzler war Norbert Steger, der mit Fred Sinowatz im Frühjahr 1983 eine Kleine Koalition aus SPÖ und FPÖ gebildet hatte.

Präsident des Nationalrates und Präsident des Österreichischen Gewerkschaftsbundes war Anton Benya, oft teils liebevoll, teils kritisch als „Doppelpräsident" bezeichnet.

Präsident der Bundeswirtschaftskammer war Rudolf Sallinger, und gemeinsam hatten sie wohl die Sozialpartnerschaft auf den Gipfel ihres Einflusses in der Zweiten Republik geführt.

Im Parlament waren drei Parteien vertreten, und zwar die SPÖ mit 90 Mandaten, die ÖVP mit 81 Mandaten und die Freiheitlichen mit 12 Mandaten.

In der Sowjetunion war Gorbatschow seit etwas mehr als einem Jahr, nämlich seit dem 10. März 1985, als Generalsekretär der KPdSU an der Macht, aber Gromyko war noch Außenminister.

In der DDR regierte seit zehn Jahren, nämlich seit Oktober 1976, Erich Honecker, in Ungarn seit dreißig Jahren János Kádár und in Rumänien seit 21 Jahren Nicolae Ceauşescu. Präsident der USA war Ronald Reagan, und Willy Brandt war Vorsitzender der SPD.

Das politische System des EFTA-Mitgliedes Österreich war eine parlamentarische Demokratie mit einem „Zweieinhalb-Parteien-System", einer stark ausgebauten Sozialpartnerschaft und einer föderalistischen Komponente, die nur zum Teil auf ihren verfassungsmäßigen Grundlagen und zum anderen Teil auf selbstbewußten Landeshauptleuten beruhte.

Die Bundesregierung setzte sich, wie schon erwähnt, aus Vertretern von SPÖ und FPÖ zusammen, und die ÖVP bildete die einzige Oppositionspartei.

Zehn Jahre später, im Juni 1996, ist Franz Vranitzky immer noch Bundeskanzler der Republik Österreich und damit (zur Stunde) der am zweitlängsten im Amt befindliche Bundeskanzler der Republik seit ihrer Gründung im Jahre 1918, aber auch einer der dienstältesten Regierungschefs Europas.

In diesen zehn Jahren hat sich die politische Landschaft in Europa total verändert und das politische System in Österreich in sehr grundlegender Weise weiterentwickelt.

Diese Veränderung des politischen Systems Österreichs in den letzten zehn Jahren mit einigen Strichen nachzuzeichnen ist das Ziel des vorliegenden Beitrages.

Als Franz Vranitzky im Juni 1986 den Vorsitz in einer sozial-liberalen Kleinen Koalition übernahm – zum Parteivorsitzenden der SPÖ und Nachfolger von Fred Sinowatz in dieser Funktion wurde er am 11. Mai 1988 gewählt –, stand sein Vizekanzler Norbert Steger bereits unter starkem Druck einer innerparteilichen Opposition, die sich im Laufe der Regierungsbeteiligung der FPÖ gebildet hatte und im Vorfeld des für 13. und 14. September 1986 geplanten Innsbrucker Parteitages verstärkt zu Wort meldete.

Obwohl Norbert Steger noch wenige Tage vor diesem Parteitag seinen Gesprächspartnern in der SPÖ versichert hatte, daß seine Widersacher nicht mehrheitsfähig seien, geschah das zumindest für ihn Unerwartete: Jörg Haider wurde mit 57,7% der Stimmen zum neuen Parteiobmann der FPÖ gewählt.

Für die SPÖ und für Bundeskanzler Vranitzky ergaben sich daraus eine fundamental neue Situation und die absolute Notwendigkeit, die Koalition mit „dieser FPÖ" zu beenden. Schon für Montag, den 15. September, wurde das Parteipräsidium der SPÖ einberufen, und das Ergebnis der Beratungen war der Entschluß, die Gesetzgebungsperiode und damit auch die Regierungszusammenarbeit mit der FPÖ zu beenden und Neuwahlen zum frühestmöglichen Zeitpunkt durchzuführen, um den Österreicherinnen und Österreichern Gelegenheit zu geben, über die Zusammensetzung des nächsten Nationalrates und damit auch über die Zusammensetzung der nächsten Bundesregierung zu entscheiden.

In diesem Herbst begannen ein Transformations- und Radikalisierungsprozeß der FPÖ, eine Veränderung der Parteienlandschaft, eine Klärung der Fronten, aber auch ein Diskussions- und Selbstfindungsprozeß, der bis heute nicht endgültig abgeschlossen ist.

Am Abend des 23. November 1986 lag das Ergebnis der Nationalratswahl vor, die folgende Mandatsverteilung brachte: SPÖ 80 Mandate (bisher 90 Mandate), ÖVP 77 Mandate (bisher 81 Mandate), FPÖ 18 Mandate (bisher 12 Mandate), Grüne 8 Mandate (bisher 0).

Das österreichische Parteiensystem, als wichtiges Element des politischen Systems, war in Bewegung geraten und sollte es auch in den nachfolgenden zehn Jahren bleiben.

Veränderungen im Parteiensystem

Am 25. November 1986 wurde Franz Vranitzky von Bundespräsident Kurt Waldheim neuerlich mit der Bildung einer Bundesregierung beauftragt, und er konzentrierte sich auf das Zustandekommen einer Großen Koalition zwischen SPÖ und ÖVP.

Auch die ÖVP, seit 1970 in Opposition, war an ihrem Wiedereintritt in die Bundesregierung interessiert, obwohl sie über den zweiten Platz enttäuscht war, nachdem man sich während langer Phasen des Wahlkampfes erhofft hatte, aus der Wahl als stärkste Partei hervorzugehen.

Die Koalitionsverhandlungen, die vom 25. November 1986 bis zum 21. Jänner 1987 dauerten, waren schwierig und mühsam, aber schließlich gelang es doch, das erforderliche Einvernehmen zu erzielen.

Altkanzler Bruno Kreisky, der sich im Jahre 1983 aus seinen aktiven politischen Funktionen zurückgezogen hatte, aber das politische Geschehen weiterhin mit großer Intensität verfolgte, war empört und geradezu erbittert, daß die SPÖ bei diesen Koalitionsverhandlungen das Außenministerium der ÖVP überlassen hatte. Man muß freilich der Kritik Kreiskys entgegensetzen, daß für die SPÖ neben der Funktion des Bundeskanzlers die Funktion des Finanzministers erste Priorität hatte, weil eine vertrauensvolle Achse zwischen dem Bundeskanzler und dem Finanzminister von entscheidender Bedeutung für die Arbeitsfähigkeit einer Regierung ist, während für ÖVP-Obmann Mock eben die Verbindung der Funktion des Vizekanzlers mit der des Außenministers erste Priorität hatte. Nachdem beide Parteien trachteten, ihre jeweils erste Priorität durchzusetzen, ergab dies eben für die SPÖ die Funktionen des Bundeskanzlers und des Finanzministers und für die ÖVP die Funktionen des Vizekanzlers und des Außenministers.

Die weitere Entwicklung des Parteienspektrums und der Parteienlandschaft in Österreich war durch folgende Elemente charakterisiert:

Die beiden großen Regierungs- und Koalitionsparteien lukrierten in den folgenden Jahren keinen „Regierungsbonus", sondern hatten im Hinblick auf wirtschaftlich schwierige Zeiten, aber auch im Hinblick auf wachsende Skepsis gegenüber Großorganisationen für ihre Regierungstätigkeit eher mit einem „Regierungsmalus" zu bezahlen.

Dieser Trend setzte sich bei den Wahlen von 1990 und 1994 fort und wurde erstmals bei der Nationalratswahl vom 17. Dezember 1995 gebrochen, wo die beiden Regierungsparteien zusammen 7 Mandate gewinnen konnten (und die drei Oppositionsparteien demnach zusammen 7 Mandate verloren). Allerdings hatte sich dieser „Regierungsmalus" nicht gleichmäßig auf SPÖ und ÖVP verteilt:

Während die SPÖ bei der Nationalratswahl im Jahre 1986 43,1% der Stimmen erzielte und im Dezember 1995 38,06% erhielt, also in knapp zehn Jahren einen Nettoverlust von 5,04 Prozentpunkten zu verzeichnen hatte, sank der Prozentanteil der ÖVP im gleichen Zeitraum um 13 Prozentpunkte, und zwar von 41,3% 1986 auf 28,3% im Dezember 1995.

Damit im Zusammenhang stand wohl auch die Tatsache, daß der Parteivorsitzende bei der SPÖ sowohl im Jahre 1986 als auch bei der Nationalratswahl vom Dezember 1995 Franz Vranitzky hieß, während in der ÖVP im Jahre 1986 Alois Mock als Spitzenkandidat antrat, im Jahre 1990 Josef Riegler, im Jahre 1994 Erhard Busek und im Jahre 1995 Wolfgang Schüssel.

Die FPÖ hat in den Jahren seit dem Innsbrucker Parteitag eine Entwicklung genommen, die seither oft beschrieben wurde: Sie konnte ihren Stimmenanteil von 9,7% im Jahr 1986 auf 22,5% im Jahr 1994 steigern, um im Dezember 1995 erstmals einen Rückschlag zu erleiden und auf 21,9% abzusinken (dies bedeutete auch einen Verlust von zwei Mandaten im Nationalrat), doch konnte die FPÖ trotz dieser Zuwächse ihren Einfluß auf Bundesebene nicht vergrößern; eher im Gegenteil, weil Inhalt und Methoden freiheitlicher Politik diese nicht nur für die SPÖ, sondern auch für die ÖVP als Koalitionspartner inakzeptabel machten und die enge Bindung der beiden Regierungsparteien im Koalitionsabkommen vom März 1996 bzw. die weitgehende Absage an die Idee eines koalitionsfreien Raumes zu einem guten Teil darauf zurückzuführen sind, daß eine auch nur partielle Kooperation mit den Freiheitlichen letzten Endes auch für die ÖVP auf Bundesebene kein gangbarer Weg war.

Es waren auch Politiker der ÖVP, die den Begriff des „Verfassungsbogens" aus Italien nach Österreich importierten und die Freiheitlichen als einzige Oppositionspartei außerhalb dieses Verfassungsbogens ansiedelten.

Die Entwicklung der Ökologiebewegung zu einer politischen Partei und Parlamentsfraktion erhielt entscheidende Impulse durch Entwicklungen in den siebziger Jahren und in den frühen achtziger Jahren: der Kampf gegen Atomkraftwerke, der Kampf gegen Hainburg, der Kampf gegen Energieverschwendung und gegen einen sorglosen Umgang mit Ressourcen, die Angst vor „Großtechnologie" und die Sorgen in bezug auf die „Grenzen des Wachstums" hatten in Summe genügend Schubkraft erzeugt, um daraus eine politische Bewegung zu formen.

Es ist hier nicht genügend Raum, um die Geschichte der Grünen Bewegung im Detail nachzuzeichnen. Aber nach einem vergeblichen Antreten bei der Nationalratswahl vom 24. April 1983 (bei der die Grünen noch getrennt angetreten waren, wobei die „Vereinigten Grünen Österreichs – Liste Tollmann" mehr als 93.000 Stimmen erhalten hatten und die „Alternative Liste" fast 66.000 Stimmen) gelang ihnen im Jahre 1986 mit 234.028 Stimmen für die „Grüne Alternative Liste" der Einzug ins Parlament mit zunächst 8 Mandaten, die sich bis 1994 auf 13 Mandate steigerten, aber 1995 wieder auf 9 Mandate zurückfielen.

Dabei wurden die Grünen von den Liberalen knapp vom vierten auf den fünften Platz verdrängt.

Beim Liberalen Forum schließlich, das im Jahre 1994 bewirkte, daß aus dem 4-Parteien-Parlament in Österreich ein 5-Parteien-Parlament wurde, handelte es sich nicht um die autonome Gründung einer Partei, der dann der Sprung ins Parlament gelang, sondern es waren im Februar 1993 fünf Abgeordnete der Freiheitlichen Partei unter der Führung von Heide Schmidt aus ihrem Parlamentsklub ausgetreten und hatten zunächst eine eigene Parlamentsfraktion und in weiterer Folge eine eigene Partei gegründet, die zuerst bei der Niederösterreichischen Landtagswahl am 16. Mai 1993 auf Anhieb 5,1% der Stimmen und damit drei Mandate im Niederösterreichischen Landtag und dann bei der Nationalratswahl vom 9. Oktober 1994 5,97% der Stimmen und 11 Mandate erzielte.

Faßt man die Mandatsverteilung im Nationalrat von 1986 bis 1995 zusammen, dann ergibt sich folgendes Bild:

	SPÖ	ÖVP	FPÖ	Grüne	LIF
1986	80	77	18	8	–
1990	80	60	33	10	–
1994	65	52	42	13	11
1995	71	53	40	9	10

Während im Nationalrat in der Zeit von 1986 bis 1996 der Weg vom 3-Parteien-Parlament zum 4-Parteien- und dann zum 5-Parteien-Parlament zurückgelegt wurde, sich die Stärkeverhältnisse änderten und die FPÖ schließlich in der konstituierenden Sitzung zur XX. Gesetzgebungsperiode am 15. Jänner 1996 von der Mitte auf die Sitze am rechten Rand des Sitzungssaales übersiedelte, waren die Veränderungen in der Bundesregierung weniger dramatisch.

Im Jänner 1987 gelang, wie schon erwähnt, zum ersten Mal seit 21 Jahren wieder die Bildung einer Koalitionsregierung von SPÖ und ÖVP – die Regierung Vranitzky-Mock.

Nach der Nationalratswahl von 1990, die einen tiefen Einbruch der ÖVP brachte (während die Zahl der SPÖ-Mandate unverändert blieb), kam es zur Bildung der Regierung Vranitzky-Riegler, die sich insgesamt aus 20 Mitgliedern, davon 4 Staatssekretäre, zusammensetzte, wobei die SPÖ 10 Kabinettsmitglieder und die ÖVP 9 Kabinettsmitglieder stellte, während der Justizminister keiner Partei angehörte.

Bei der Nationalratswahl im Oktober 1994 verloren die beiden Regierungsparteien, unter anderem in einer Art Pendelbewegung zu dem äußerst erfolgreichen EU-Referendum, zusammen 23 Mandate (davon die SPÖ 15 Mandate und die ÖVP 8 Mandate) und büßten damit auch die Zweidrittelmehrheit im Nationalrat ein.

Zu der Niederlage der Regierungsparteien mag die Tatsache beigetragen haben, daß sich beide Parteien schon vor der Wahl unmißverständlich für eine Fortsetzung der Koalition ausgesprochen hatten. Und sosehr dies, wie schon erwähnt, den Regierungsparteien am Wahltag geschadet haben mag, sosehr war nach dem Wahltag klar, daß sowohl Bundeskanzler Vranitzky als auch Vizekanzler Busek die Regierungsverhandlungen mit dem Ziele führten, neuerlich eine Große Koalition zustandezubringen, zu deren Aufgaben es auch gehörte, den in einem Referendum gebilligten EU-Beitritt Österreichs zu exekutieren.

Das Koalitionsabkommen zwischen SPÖ und ÖVP wurde am 29. November 1994 unterzeichnet, und die Regierung Vranitzky-Busek begann mit ihrer Arbeit in der kürzesten Gesetzgebungsperiode der Zweiten Republik.

Die Regierung setzte sich aus 21 Mitgliedern, darunter 5 Staatssekretäre, zusammen, wobei die SPÖ den Bundeskanzler und 7 Minister, die ÖVP den Vizekanzler und 6 Minister stellte und die Tradition des parteilosen Justizministers fortgesetzt wurde.

Als Bestätigung für die vorstehend vertretene „Pendeltheorie" könnte man das Wahlergebnis vom 17. Dezember 1995 werten, wo die drei Oppositionsparteien insgesamt 7 Mandate verloren und die Regierungsparteien dementsprechend 7 Mandate (SPÖ +6, ÖVP +1) dazugewannen und damit auch die Zweidrittelmehrheit wiedererlangten.

Die Regierungsverhandlungen nach dieser Wahl, die am 12. März 1996 abgeschlossen wurden, erbrachten unter anderem eine Verkleinerung der Bundesregierung, indem auf SPÖ-Seite das Wissenschaftsministerium und das Verkehrsministerium und auf ÖVP-Seite das Umwelt- und das Familienministerium zusammengelegt wurden und außerdem die ÖVP auf zwei (bisher drei) und die SPÖ auf einen der bisher zwei Staatssekretäre verzichtete.

Wahlrechtsreform

Da bei den vier Koalitionsverhandlungen, die im Jahrzehnt seit 1986 geführt wurden, jeweils auch verfassungsändernde Projekte zur Diskussion standen, die für das politische System von Relevanz sind, sei an dieser Stelle erwähnt, daß die Nationalratswahl vom 9. Oktober 1994 die erste Nationalratswahl war, die aufgrund eines völlig neuen Wahlrechts, nämlich der Nationalratswahlreform von 1992, durchgeführt wurde.

Schon seit vielen Jahren wurde das bis dahin geltende, aus 1970 stammende Wahlrecht als reines „Parteienwahlrecht" kritisiert, bei dem die Wahlkreise zu groß, der Einfluß des Wählers auf die tatsächliche Zusammensetzung des Nationalrates zu gering und insgesamt die Reihung der Kandidatenlisten und die Zusammensetzung des Nationalrates fast ausschließlich von den Parteien abhängig seien.

Im Koalitionsabkommen vom Jänner 1987 wurde eine Wahlrechtsreform vereinbart, deren Kernstück die Schaffung von ca. hundert sogenannten „Einer-Wahlkreisen" sein sollte, die jeweils vom Kandidaten mit den meisten Stimmen im Nationalrat vertreten werden.

Die restlichen 83 Abgeordneten sollten von Parteilisten im Sinne eines „Proportionalausgleiches" in den Nationalrat entsendet werden, um insgesamt den Grundsatz der Verhältniswahl aufrechtzuerhalten.

Dieser Vorschlag, der dann längere Zeit diskutiert wurde, löste nicht nur bei den Oppositionsparteien Kritik aus, sondern fand auch in den Parlamentsfraktionen der Regierungsparteien so wenig Zustimmung, daß er wohl nicht die erforderliche Zweidrittelmehrheit erlangt hätte und schließlich nicht weiterverfolgt wurde.

In den Koalitionsverhandlungen von 1990 wurde das Thema neuerlich aufgegriffen und ein modifiziertes Modell erarbeitet.

Dieses sah anstelle von neun Wahlkreisen 45 Wahlbezirke vor, darüber hinaus – da man auf die Bundesländer als politisch gewachsene Regionen nicht verzichten wollte – auch neun Bundesländer-Wahlkreise und zum Zwecke eines gesamtösterreichischen Proportionalausgleichs einen gesamtösterreichischen Verbandwahlkreis. Daneben waren eine Stärkung der Vorzugsstimmen und die Einführung einer bundesweiten 4%-Klausel vorgesehen.

Auf dieser Grundlage legte die Bundesregierung dem Nationalrat am 12. Juni 1991 eine Regierungsvorlage vor, über die im Verfassungsausschuß bis zum Juni des nächsten Jahres beraten wurde und die sodann am 10. Juli 1992 vom Nationalrat verabschiedet wurde.

Das Ergebnis der Beratungen und damit der Inhalt des neuen österreichischen Wahlrechtes läßt sich in folgenden Punkten zusammenfassen:

Verbesserung des persönlichen Kontaktes zwischen Wählern und Gewählten durch die Schaffung von 43 Regionalwahlkreisen unter Beibehaltung von neun Landeswahlkreisen; Beibehaltung des Grundsatzes der Verhältniswahl und der Ermittlung der Mandate auf drei Ermittlungsebenen; verstärkter Einfluß des Wählers auf die tatsächliche Zusammensetzung des Nationalrates durch ein ausgebautes Vorzugsstimmensystem; bundesweite Einführung einer 4%-Klausel zur Verhinderung einer übergroßen Parteienzersplitterung; Herabsetzung des aktiven und passiven Wahlalters; Verbesserung des Wahlrechtes für Auslandsösterreicher; Möglichkeit für Abgeordnete, die aus Anlaß ihrer Ernennung zu einem Mitglied der Bundesregierung ihr Nationalratsmandat zurückgelegt haben, nach ihrem allfälligen Ausscheiden aus dem Regierungsamt in den Nationalrat zurückzukehren.

Die zuletzt genannte Möglichkeit wurde zwei Jahre später auch auf Abgeordnete ausgedehnt, die in das Europaparlament entsandt wurden.

Aber nicht nur das neue Wahlrecht und der Beitritt zur EU – auf den in weiterer Folge noch einzugehen sein wird – brachten Verfassungsänderungen, sondern die österreichische Bundesverfassung wurde auch in anderen Belangen im letzten Jahrzehnt intensiv weiterentwickelt, wodurch verfassungsrechtliche und verfassungspolitische Diskussionen ausgelöst wurden, die eine gesonderte Darstellung erfordern würden.

Beitritt zur EU

Das für Österreich und auch für das politische System Österreichs gravierendste Ereignis im letzten Jahrzehnt war zweifellos der Beitritt Österreichs zur Europäischen Union mit 1. Jänner 1995.

Die Vorgeschichte dieses Beitrittes könnte man wie folgt skizzieren: Schon in den achtziger Jahren war ersichtlich, daß es für Österreich von Vorteil wäre, in manchen Bereichen die Zusammenarbeit mit der EWG zu intensivieren.

1984 kam es zur Zollfreiheit für industriell gewerbliche Waren im Handel zwischen der EWG und Österreich. 1985 entschloß sich Österreich zur Teilnahme am Europaprogramm. 1987 erlangte Österreich Beobachterstatus bei der Europäischen Politischen Zusammenarbeit.

Aber während am Beginn der achtziger Jahre die EWG eine Art Schwächephase hatte und intensiv über das Schlagwort „Euro-Sklerose" und über den wachsenden Rückstand Europas gegenüber den USA und Japan diskutiert wurde, brachte Jacques Delors, der am 6. Jänner 1985 zum Präsidenten der EU-Kommission gewählt worden war, neue Ideen und neuen Schwung in die Europäische Union.

Der Zusammenbruch des Kommunismus in Osteuropa an der Wende von den achtziger zu den neunziger Jahren schuf neue Realitäten und neue Voraussetzungen im gesamten Bereich der europäischen Politik, und die unter dem Vorsitz von Bundeskanzler Vranitzky stehende österreichische Bundesregierung hatte ihre Überlegungen über die „europäischen Optionen" der österreichischen Politik intensiviert und konkretisiert.

Im Jahre 1989 kam es zu drei wichtigen Entscheidungen in Österreich:

a) zur Einsetzung einer Arbeitsgruppe für Integrationsfragen im Bundeskanzleramt,

b) zur Beschlußfassung eines Bundesgesetzes über den „Rat für Fragen der Österreichischen Integrationspolitik“ und

c) zur Entschließung des Nationalrates vom 29. Juni 1989, mit der die Bundesregierung aufgefordert wurde, die Mitgliedschaft Österreichs bei den Europäischen Gemeinschaften zu beantragen.

Am 17. Juli 1989 erfolgte die Überreichung des Beitrittsantrages Österreichs zur EWG an den Präsidenten des „Rates der Europäischen Gemeinschaften“.

Im Jahr 1991 wurde eine positive Stellungnahme der Kommission zum Beitrittsantrag Österreichs abgegeben, am 12. Dezember 1991 beschlossen die Staats- und Regierungschefs anläßlich des Europäischen Rates von Edinburgh, Beitrittsverhandlungen mit Österreich, Schweden, Finnland und Norwegen aufzunehmen.

Am 1. Februar 1993 wurden die Beitrittsverhandlungen der EG mit Österreich auf Ministerebene formell eröffnet, und am 30. März 1994 wurden die Beitrittsverhandlungen der EU mit Österreich erfolgreich abgeschlossen.

Am 4. Mai 1994 erfolgte die Zustimmung des Europäischen Parlaments zum Beitrittsvertrag, am 12. Juni 1994 erbrachte eine Volksabstimmung in Österreich eine Mehrheit von 66,39% für das Bundesverfassungsgesetz über den Beitritt Österreichs zur Europäischen Union, und am 24. Juni 1994 wurde der EU-Beitrittsvertrag durch Österreich, im Rahmen des Europäischen Rates auf Korfu, unterschrieben.

Schließlich genehmigten der Nationalrat am 11. November 1994 und der Bundesrat am 17. November 1994 den Beitrittsvertrag, der mit 1. Jänner 1995 in Kraft trat.

Soweit das Gerüst an Daten und Fakten jenes Weges, der Österreich gemeinsam mit Schweden und Finnland zu Vollmitgliedern der Europäischen Union gemacht hat.

Dahinter stehen fundamentale Veränderungen für die österreichische Volkswirtschaft, auf die in diesem Zusammenhang nicht näher eingegangen werden kann, und auch für das politische System Österreichs.

Im Grunde war es die tiefgreifendste Verfassungsänderung seit Beginn der Zweiten Republik, was auch in der Notwendigkeit der Durchführung einer Volksabstimmung zum Ausdruck kam, weil es – aus verfassungsrechtlicher Sicht – als Gesamtänderung der Bundesverfassung zu betrachten war, daß EU-Recht nach den in der EU geltenden Regeln unmittelbar zu in Österreich anwendbarem Recht werden kann und damit der innerösterreichische Rechtskreislauf (das Recht der Republik Österreich „geht vom Volke aus“) an einen europäischen Rechtskreislauf angeschlossen wurde, an dessen Rechtserzeugung wir allerdings beteiligt sind.

Aber nicht nur die Einbindung der österreichischen in die europäische Rechtsordnung ist von grundlegender Bedeutung, sondern das österreichische Verfassungsrecht selbst wurde in einigen wichtigen Punkten verändert, um unser politisches System „EU-reif“ zu machen.

Während des gesamten Jahres 1994 hatte es bereits Verhandlungen zwischen den beiden Regierungsparteien, aber auch mit Vertretern der Opposition und Vertretern der Bundesländer darüber gegeben, in welchen Punkten die Österreichische Bundesverfassung in Zusammenhang mit dem EU-Beitritt geändert werden müsse.

Besondere Bedeutung kam dabei auch der Frage zu, wie der Nationalrat, der Bundesrat und die Bundesländer in die Willensbildung der europäischen Räte eingebunden werden können, um eine reine „Regierungsgesetzgebung“ zu verhindern.

Bis zu der Nationalratswahl im Herbst 1994 waren die diesbezüglichen Gespräche zwischen den beiden Regierungsparteien weitgehend und konsensual abgeschlossen.

Da aber bei dieser Nationalratswahl die Zweidrittelmehrheit für die Koalitionsparteien knapp verlorenging, mußte auch die Zustimmung von zumindest einer Oppositionspartei im Nationalrat gefunden werden, und diesbezüglich war Eile geboten.

Am 22. November 1994 legte die Bundesregierung ihre Regierungsvorlage für eine Änderung der österreichischen Bundesverfassung (und für die Aufhebung des EWR-Bundesverfassungsgesetzes) dem Nationalrat vor.

Der Verfassungsausschuß beriet diese Vorlage in drei Sitzungen vor, und schließlich beschloß der Nationalrat am 15. Dezember 1994 dieses Verfassungsgesetz mit der erforderlichen Zweidrittelmehrheit.

Die wesentlichen Punkte dieses Verfassungsgesetzes waren: die Regelung der Mitwirkung des Nationalrates (bzw. des Hauptausschusses des Nationalrates) in EU-Angelegenheiten, und zwar im wesentlichen in Form eines Informations- und Stellungnahmerechtes, wobei eine Bindungswirkung solcher Stellungnahmen für jene Materien vorgesehen ist, in denen die Gesetzgebung Bundessache wäre; ein Mitwirkungsrecht der Länder und Gemeinden bei Vorhaben der Europäischen Union; die Regelung für die von der Republik Österreich zu entsendenden Abgeordneten zum Europäischen Parlament; die Schaffung einer Rechtsgrundlage für die Teilnahme an der gemeinsamen Außen- und Sicherheitspolitik der Europäischen Union aufgrund des Titels V des EU-Vertrages einschließlich der Mitwirkung an Wirtschaftssanktionen, womit eine partielle Modifikation unserer Neutralität bei Wirtschaftssanktionen verbunden war; die innerösterreichischen Regelungen bei der Ernennung von Mitgliedern der Kommission des

Gerichtshofes, des Rechnungshofes und des Wirtschafts- und Sozialausschusses der EU.

Aber nicht nur die Einbindung Österreichs in die Institutionen und in die Rechtsordnung der EU und die damit verbundenen Verfassungsänderungen sind für das politische System Österreichs von Bedeutung, sondern auch die neuen Anforderungen an die österreichische Außen- und Sicherheitspolitik und die Diskussion über Neutralität und Staatsvertrag.

Die Diskussion über eine „Obsolet-Erklärung" des österreichischen Staatsvertrages, die insbesondere im Jahre 1995 rund um den 50. Geburtstag der Zweiten Republik und in Zusammenhang mit einem damals geplanten Besuch des russischen Präsidenten Boris Jelzin in Österreich intensiv geführt wurde, endete mit der Erkenntnis, daß eine solche „Obsolet-Erklärung" vermutlich weder bei allen Beteiligten so einfach durchsetzbar noch in besonderer Weise den Interessen Österreichs dienlich wäre.

Der insbesondere auch vom Bundeskanzler vertretene Standpunkt, daß der Staatsvertrag ein Dokument von großer historischer Bedeutung für Österreich ist, dessen aktuelle Relevanz im Laufe der Zeit naturgemäß abnimmt, das aber einige Bestimmungen enthält, die gerade auch aus österreichischer Sicht von grundsätzlicher Bedeutung sind, hat sich letztlich durchgesetzt.

Komplexer sind die Fragen im Zusammenhang mit der österreichischen Neutralität. Zwar ist es richtig, daß auch die Neutralität gerade im Laufe der letzten zehn Jahre einen Funktions- und Bedeutungswandel durchgemacht hat und daß ihre in der Zeit der Ost-West-Konfrontation potentiell jederzeit aktuelle Bedeutung heute nicht in gleicher Weise gegeben ist.

Deshalb kann es sich Österreich auch leisten, im Zuge seiner Außenpolitik die Neutralität nicht täglich und demonstrativ in den Vordergrund zu stellen.

Eine Veränderung von völlig anderer Qualität wäre hingegen der Beitritt zu einem Militärpakt wie der NATO, zu einer Institution mit einer militärischen Beistandsverpflichtung wie der WEU und/oder die Abschaffung, Veränderung oder De facto-Derogation des Bundesverfassungsgesetzes vom 26. Oktober 1955 über die österreichische Neutralität.

Deshalb hat der Bundeskanzler auch den bei den Koalitionsverhandlungen von der ÖVP unterbreiteten Vorschlag abgelehnt, durch ein Verfassungsgesetz der Bundesregierung die Vollmacht zu geben, „zum gegebenen Zeitpunkt" einem Militärbündnis mit der Begründung beizutreten, daß das Prinzip der Solidarität das Prinzip der Neutralität „überlagert" hätte.

Österreich hat sich selbst gefunden

Abschließend soll ein Phänomen erwähnt werden, das weder in der Verfassung noch in den Institutionen des Staates einen Niederschlag findet, das nicht zählbar und nicht wägbar ist und dennoch einen hohen Stellenwert hat: Österreich hat in den letzten zehn Jahren stärker zu sich selbst gefunden. Es hat sich mit seiner Geschichte kritisch auseinandergesetzt, es hat ein Bedenkjahr (1988) hinter sich gebracht und zum 50. Geburtstag der Zweiten Republik Bilanz gezogen.

Es hat durch Bundeskanzler Vranitzky klare Worte zu den Schatten seiner Vergangenheit und zu der Mitschuld von Österreichern an schrecklichen Verbrechen der NS-Zeit gefunden. Und es hat den Nationalfonds für noch lebende Opfer des Nationalsozialismus gegründet.

Ich glaube, daß dies ehrlich, nützlich und wichtig war und zur Reinigung der Atmosphäre beigetragen hat.

Wenn man hinsichtlich seiner Vergangenheit Klarheit geschaffen hat, oder zumindest mehr Klarheit als bisher, dann kann man sich verstärkt der Zukunft zuwenden, und so heißt es auch in der Regierungserklärung, die Bundeskanzler Vranitzky am 13. März 1996 vor dem Nationalrat abgegeben hat, zusammenfassend: „Hohes Haus, ich habe Ihnen nun in einigen groben Skizzen das Arbeitsprogramm der neuen Bundesregierung vorgestellt. Es ist das ein Programm, das vom ehrlichen Bemühen geprägt ist, für Österreich Reformen umzusetzen, die Österreich einen guten Einblick in das nächste Jahrtausend ermöglichen. Es ist das ein Programm, das nach bestem Wissen und Gewissen erstellt wurde, ein Programm, das der Zusammenarbeit all derer bedarf, die guten Willens sind."

Heute, zehn Jahre nach der ersten Angelobung von Franz Vranitzky zum Bundeskanzler der Republik Österreich, befinden wir uns in der XX. Gesetzgebungsperiode des Nationalrates.

Der Bundespräsident heißt Thomas Klestil, der Vizekanzler Wolfgang Schüssel, die Kleine Koalition liegt mehr als neun Jahre zurück, die Sowjetunion existiert nicht mehr, in den USA ist Bill Clinton Präsident, und Vorsitzender der SPD ist der „Brandt-Enkel" Oskar Lafontaine.

In Österreich ist Franz Vranitzky nach wie vor Bundeskanzler.

Und Österreich kann stolz sein auf diesen Regierungschef, dessen Wirken weit über die Grenzen Österreichs hinaus in höchstem Maße Anerkennung findet und international in vielfacher Weise gewürdigt wurde.

18. Juni 1986

Aus seiner ersten Regierungserklärung

„Wir alle aber – ob in Regierung oder Opposition – haben die Verpflichtung, darauf zu achten, daß bei jeder Auseinandersetzung die Regeln des Anstandes und der Respekt vor dem Gegenüber gewahrt bleiben. Zeigen wir den Bürgern dieses Landes, daß Politik nicht gleichbedeutend mit vordergründigem politischen Streit ist, sondern ehrlichen und wahren Einsatz für Österreich bedeutet.“

Henry Anatole Grunwald

US-Botschafter in Österreich 1988 und 1989

Franz Vranitzky – an American Appreciation

"By direction of the Congress of the United States of America, who have the honour of informing your excellency, that they purpose to send a minister to your respected court ..." So wrote Benjamin Franklin and two other American officials to the Imperial Austrian Ambassador in Paris in 1777, a year after the start of the American Revolution against British rule. The letter offered, among other things, free trade with the rebellious colonies and declared their intention to "solicit" the friendship of the Austrian Court. It took some years before that friendship was formalized in 1828 in a treaty signed by Metternich. Austria of course was then a world power while America, for all its size, was a still struggling new nation. Since then, the world has changed beyond recognition. The U.S. in its turn became a world power and Austria a small and often struggling country. But for much of the time friendship between the U.S. and Austria has endured – not without problems and tragic interruptions. During the past ten years no one has contributed more to that friendship than Franz Vranitzky.

Throughout the Cold War the U.S. regarded Austria as what it had been for centuries, an outpost of the West, a rampart as well as a bridge. Despite Austria's formal neutrality the country was never neutral politically or philosophically; ever since World War II it was a strong adherent to democratic values – values that would have been familiar to Benjamin Franklin.

Franz Vranitzky became Chancellor at a time when U.S.–Austrian relations were severely clouded by familiar events and when many Austrians resented U.S. policy. The Chancellor never wavered in his conviction – a conviction going far beyond party loyalties – that, in spite of this, Austria and the U.S. shared overriding common interests. He cultivated these interests with persistence and flair, helping to overcome several years of Austria's international isolation. In important ways, he helped his country face up to the past and to move forward. During my time of service in Vienna I was always impressed by his straight forwardness and by his realism. He and his coalition partners were understanding of America's concerns, ranging from threats of terrorism to trans-shipment of Western technology to the East. Above all he recognized, earlier than many other statesmen, the implications of the fall of the Iron Curtain. He knew immediately that the collapse of Communism would not automatically usher in an era of universal democracy and peace but that it would put tremendous challenges before the West. Along with many others he helped guide Austria toward membership in the European Community, a goal America always quietly supported as a reaffirmation of Austria's westward orientation.

Chancellor Vranitzky also understood that the fall of Communism coincided with a crisis in Socialism. In most of Europe and many other parts of the world, the welfare state, which had contributed so much to the survival of democracy had gone too far. Without entering into Austrian domestic politics I state a simple fact: He was one of several European Socialist leaders who realized that major and often painful revisions had to take place in a system of centrally planned economies, government owned industries and social subsidies. The extent of such efforts continues to be debated in Austria as elsewhere. But it is notable that Franz Vranitzky has pursued these policy imperatives while asserting that efficiency and social justice should not be treated as inimical forces but must complement each other.

With his background as banker, economist, manager and more recently diplomat he has taken his place among European statesmen and has reinforced Austria's role, in new and turbulent circumstances, as an essential contact point with the East.

For Americans it is not insignificant that he is a passionate follower of U.S. basketball, his favorite team being the Los Angeles Lakers. The connection between basketball and politics is not always evident. But both require skillful footwork, stamina, a ready eye for opportunity, and a sense of strategy.

23. September 1986

Vor dem Parlament, nach der Aufkündigung der Koalition mit der FPÖ

„Ich war und bin der Ansicht – und meine Freunde in der Sozialistischen Partei sind dieser Ansicht beigetreten –, daß durch die bekannten Entwicklungen innerhalb der Freiheitlichen Partei die Grundlage für die seinerzeit vereinbarte Regierungszusammenarbeit nicht mehr gegeben ist.
Diese Entscheidung der SPÖ ist nicht ein Versuch, sich in demokratische Entscheidungsprozesse anderer politischer Parteien einzumischen. Jede Partei hat das selbstverständliche Recht, selbst zu entscheiden, wer sie führen soll und welcher politische Kurs eingeschlagen werden soll. Aber genauso gilt der Satz, daß jede Partei die Konsequenzen ihrer eigenen Entscheidungen zu tragen hat.
Die Freiheitliche Partei Österreichs hat auf dem vergangenen Parteitag über ihren Parteiobmann und über ihren politischen Kurs entschieden. Die Sozialistische Partei hat daraus die Konsequenzen gezogen. Mehr habe ich dazu nicht zu sagen."

André Heller

Multimediakünstler

Von Verwünschern und Hummerragout

Sprunghafte Assoziationen zu Franz Vranitzkys 10-Jahre-Jubiläum als Regierungschef ...

I. Mein Vater war ein hochmütiger, zumeist in Verstörungen verlorener, exzentrischer Millionär, der sowohl durch sein Judentum wie auch durch die, wie er es nannte, „bellende Miefigkeit des Kleinbürgers Hitler“ zum radikalen Antinazi bestimmt wurde. Erste und Zweite Republik wollte er trotzdem jederzeit gegen ein Österreich mit Triest und Ragusa tauschen. „Wenn wir wieder ein Meer hätten, dürfte von mir aus sogar ein Sozialist das Land regieren.“

So sehr liebte er die Adria, daß er zu ihrer Wiedererlangung zu diesem für ihn ungeheuerlichsten aller Zugeständnisse bereit gewesen wäre. Denn die „Sozis“, das waren in seinem Weltbild die natürlichen Todfeinde der Fabrikanten, und das Süßwaren-Imperium Gustav u. Wilhelm Heller eine Art Heiliger Gral des reinen Kapitalismus. Als Vater 1958 mit 64 Jahren starb, war ich Internatsschüler der Jesuiten in der 3. Gymnasiumklasse des Kollegiums Kalksburg. Die letzten Ratschläge, deren ich mich von ihm entsinnen kann, lauteten: „Sei nie Untertan. Die Politiker haben uns zu dienen und nicht umgekehrt. Fürchte dich nie, sei besser der, vor dem man sich fürchtet.“

Und mein Jesuitenpräfekt, Pater Teschitel, verkündete mir etwa zur selben Zeit: „Die Elite steht über dem Staat. Die Gesetze sind für unsereins nicht strikt bindend.“

„Unsereins“ war ich also. Das machte mich nicht besonders froh, weil ich, seit ich denken konnte, nur mir gehören wollte und von all meinen Gefühlen das Zugehörigkeitsgefühl das unterentwickeltste war.

Ich müßte lange darüber schreiben, wieviel an Lebenszeit ich bedurfte, um nach all den Erziehungsmaßnahmen ein halbwegs erbarmungsvoller Mitmensch zu werden, und welch seelisches Erdbeben es in meiner Familie auslöste, als ich mich in den späten 60er Jahren aktiv für die Ziele Bruno Kreiskys einzusetzen begann. Er war es, sein rarer Fall eines charismatischen, trickreichen, Robert Musil, Hermann Broch und Marlene Dietrich liebenden Weltbürgers, aus ähnlichem Haus wie ich, der mir zunächst die Abscheu und dann die Scheu einer Zusammenarbeit mit jenen nahm, die Vater die „Verwünscher“ nannte: kleine Leute, die nicht in Hietzing oder Döbling lebten.

Mein Freund, der Schriftsteller Peter Turrini, hat mir einmal erzählt, wie er früher feuchte Handflächen bekam, wenn er Räume mit Stuckdecken betrat. Das waren nämlich die einschüchternden Herrschaftszimmer, und er ein Arbeiterkind. Mir, am anderen Ende des sozialen Spektrums, wurde übel, wenn mir unsere Hausmeisterin respektvoll ein Glas Himbeersaft anbot. Ich dachte ernsthaft, die Welt der sogenannten Proleten halte für den Sohn eines Großindustriellen nur Unappetitliches bereit.

Zehn Jahre später, als gerade mündig Gewordener, fand ich mich in der Rolle eines wutgeladenen Jugendidols. Damals nahm sich Bruno Kreisky, im Bewußtsein, daß ich durch meine Schallplatten, Konzerte, Radio- und Fernsehsendungen Einfluß auf viele junge Leute ausübte, die Mühe, mir immer wieder in langen 4-Augen-Gesprächen spannendsten Geschichts- und Geschichtenunterricht zu geben.

Diese Zauberstunden werde ich ihm nie vergessen, obwohl ich schon damals in einigem nicht seiner Meinung sein konnte. Ich habe dann in den 70er und 80er Jahren und bis heute die Erfahrung gemacht, daß es, wenn einem seine politischen Visionen wesentlich sind, angeraten wäre, mit jenen politischen Machtverwaltern, die man als ernstzunehmende Persönlichkeiten erkennt, in Dialog zu treten. Und daß beispielsweise die Förderung der Abberufung eines zynischen Innenministers durch Organisation von Massenveranstaltungen wie durch Streitgespräche in kleinster Runde mit Regierenden mindestens ebenso sinnvoll ist wie die Geißelung von Politikern durch Bernhardsche Tiraden. Es gibt die weitverbreitete Theorie, daß Künstler und Intellektuelle sich von der Macht fernhalten sollten. Und nach den Opportunismusorgien, denen sich Schauspieler, Sänger, bildende Künstler, Dichter und Komponisten, vor allem aber Wissenschaftler, wo immer man sie nicht abwies, im Faschismus, Nazismus und in anderen Diktaturen hingaben, ist diese Theorie gewiß nicht von der Hand zu weisen. Auch nicht, wenn man in den Demokratien beobachtet, wie selbst Heroen der Avantgarde mitunter in haltlosem Stolz Fotos hervorziehen, auf denen sie mit Papst oder Bundespräsident abgelichtet sind.

Ich meine aber, Künstler und Intellektuelle sollten sich als Wichtigstes von Vereinnahmungen fernhalten. Vom Hofnarrentum und von Korruption durch den ohnedies zumeist läppischen Staatsglanz. Sie sollten sich, wenn irgend möglich, auch vom Finanziertwerden durch Steuergelder fernhalten. Aber ihre Intuition, ihr Gefühl für Zwischentöne, ihre (so vorhanden) Undiplomatie, ihre internationale Querdenkervernetzung sollten sie als Stachel tief ins Fleisch jener Amtsträger drücken, die, von Legislaturperiode zu Legislaturperiode taumelnd, völlig von der Gunst von allen Seiten manipulierter Wähler und manisch manipulierender Medien abhängig sind.

Es geht nicht an, immer nur zu höhnen. Solange ich beispielsweise an geregelter Wasser- und Stromversorgung, an Minderheitenrechten und sozialer Ausgewogenheit, an Naturschutz und halbwegs kluger Finanzpolitik interessiert bin, muß ich meine Zivilcourage, die Möglichkeiten meiner Kreativität und die Lösungskapazitäten meiner Phantasie miteinbringen.

Ich muß ein Lobbyist sein für meine Vorstellung von sinnlicher Qualität und Genauigkeit. In dem, was wir Kunst nennen, ebenso wie im politischen Alltag.

II. Manchmal hat Österreich einen Schutzengel. Man stelle sich vor, was mit dem Land und seiner Reputation geschehen wäre, wenn Franz Vranitzky nicht sofort nach der Wahl Jörg Haiders zum FPÖ-Vorsitzenden die Koalition mit dessen Partei aufgekündigt hätte.

Daß er es tat, ist einer Gesinnungsklarheit und patriotischen Hellsichtigkeit zu verdanken, die nicht gerade zu den erwähnenswerten Stärken seiner Amtsvorgänger gehörten. Vielmehr hatten bis Vranitzky alle Regierungschefs der Zweiten Republik wenig Berührungsängste gegenüber ehemaligen Nazis, Nazisympathisanten sowie unabgeschworenem Nazigesindel und viel Distanz zur Aufarbeitung der jüngeren rot-weiß-roten oder hakendurchkreuzten Schreckensgeschichte.

Daß uns die bitteren Früchte dieser Verdrängungen und Unterlassungen ausgerechnet während der ersten Jahre Großer Koalition unter Führung der Sozialisten überreif auf die Köpfe prasselten, ist nicht so ungerecht, wie manche meiner linksliberalen Freunde glauben. Wir schulden dafür nämlich Kurt Waldheim und seinen geistigen Sponsoren ebenso Undank wie Bruno Kreisky und seinem nonchalanten Umgang mit den Friedrich Peters. Wie ein dem chauvinistischen rechten Lager oder auch nur Einschüchterungen der Kronen Zeitung zugänglicher Bundeskanzler diese jahrelange außen- und innenpolitische Sissi-und-Kurt-Qualstrecke gehandhabt hätte, ist das nächste, was man sich vorstellen sollte, um den Glücksfall Vranitzky gerecht zu beurteilen. Er war außerdem der erste Höchstverantwortliche, der die vom Hitlerischen Mordregime Verjagten öffentlich bat, zurückzukehren. (Die untilgbare historische Schande, daß dies erst 45 Jahre nach Kriegsende und nach dem Tod der meisten Emigranten geschah, ist nicht die seine.)

Das wenige Aufgezählte belegt, daß Vranitzky genau weiß, aus welchem Gestern unser Heute gemacht ist und welches Morgen wir auf jeden Fall verhindern müssen. Er weiß auch, daß mit Phrasen und Geplapper nichts und mit konsequenter politischer Arbeit immerhin manches erreicht werden kann. So etwas flößt einem wie mir, dessen Familie vom Gestern zerstückelt wurde, ein gewisses Vertrauen ein. Dieses Vertrauen war anfänglich auf meiner Seite die Basis unserer Gespräche.

Lange dachte ich, Franz Vranitzky sei ein anständiger und verantwortungsvoller, fleißiger Mensch mit guten Nerven. (Das klingt vielleicht für naivere Naturen nach nicht allzuviel, ist aber in der Wirklichkeit allgegenwärtiger schleimiger Hysterikerrituale im öffentlichen Dienst ein ähnlich rarer Fall wie deutschsprachige Intellektuelle, die nicht dem Kult der schlechten Laune huldigen.) Später beobachtete ich seine Handbewegungen und seine Art zu schauen, sein Höflichkeitslächeln und sein Privates, seine Geduld und Ungeduld, seine Routiniertheit und Verlegenheit und begann ihn zu mögen.

Die Meinung, die wir uns von anderen bilden, setzt sich ja häufig aus den merkwürdigsten Eindrücken und Splittern von Eindrücken zusammen. Ich sehe Vranitzky z. B. am New Yorker Broadway eine meiner Shows hinter den Kulissen besuchen und dort ohne Vorwarnung das Arbeitskammerl der Kostümbildnerin Susanne Schmögner betreten; und diese, gerade in einem Liegestuhl essend, fährt völlig entgeistert, an eine Fata Morgana glaubend, hoch und bepatzt sich und ihn ziemlich mit Hummerragout. Oder ich erinnere ihn Minuten nach einem berührenden Gespräch mit Shimon Peres als unwirschen, aber letztlich doch von der Notwendigkeit überzeugten Förderer der Gründung von SOS Mitmensch.

Ein anderes Bild, traurigerweise bei mir zu Hause: der Kanzler, schlecht seine Verzweiflung tarnend, während er dem Intrigengeschwätz einiger Großkünstler und Großkritiker zuhört, die ihm im Grunde erklären, daß jeder außer ihnen selbst unwürdig sei zu atmen (einer davon, der seit Ewigkeiten in Schulden erstickt, gibt zum Kehraus noch vehement Ratschläge für Sanierungskonzepte in der verstaatlichten Industrie).

Ich weiß, daß Vranitzky viele der unpopulären und klugen Entscheidungen, die sein Kunstminister Rudolf Scholten gegen die Warnungen aller selbstherrlichen Gschaftlhuber aus den Halbgebildetenzentralen getroffen hat, mittrug. Auch dort, wo sie ihm unverständlich oder nicht seinem Geschmack entsprechend erschienen. Er hat wohl in der Praxis erfahren, daß manche Arbeitsergebnisse schöpferischer Menschen eine magische Kraftquelle für denjenigen sind, der sich ihnen anvertraut. In Vranitzkys Büro hängen unter anderem Bilder von Rainer, Lassnig und Attersee. Das bedeutet Solidarität und Zuneigung zum „anderen Österreich".

Manchmal habe ich des Kanzlers Körpersprache gesehen, nachdem er einen verletzenden Artikel über sich oder ein Familienmitglied gelesen hat. Ich fragte mich dann, welche Art von Masochismus oder Hingabe an die Macht für einen empfindsamen Menschen vonnöten sind, um diese immer wiederkehrenden Besudelungen ertragen zu können und gleichzeitig gute Arbeit zu leisten.

Ich könnte natürlich auch einiges über Vranitzkys Schwächen berichten, aber dieses Recht stünde mir nur zu, wenn ich zuerst meine eigenen protokollieren würde.

Dies ist ja ein Artikel in einem Buch, das Freude zum Inhalt hat. Freude über die Anwesenheit Franz Vranitzkys am Ballhausplatz. Ich teile diese Freude und wüßte unter allen realistisch in Frage kommenden keinen oder keine, der oder die es alles in allem in den letzten zehn Jahren besser gemacht hätte.

(Es sei denn, man hält die politische Selbsthygiene Österreichs für keine nennenswerte Kategorie.)

11. März 1988

In der Hofburg bei einer Veranstaltung zum Bedenkjahr

„Und so können wir heute den Opfern des Faschismus und des Nationalsozialismus in die Augen schauen und sagen: Seht her, aus all der Erniedrigung und aus all dem Leiden sind wir ein gutes Stück nach vorne gegangen: Das waren wir vor allem Euch schuldig; und wir sind ernsthaft bemüht, auf diesem Weg weiter voranzuschreiten.
In der menschlichen Gesellschaft ist nichts für immer errungen, und alle Errungenschaften sind immer gefährdet. Aber wir werden um unserer selbst, um unserer Zukunft willen die Vergangenheit nicht vergessen. Wir streben nach keinem grandiosen Heilsplan; aber wir wollen zäh darin sein, auch und gerade als politische Beauftragte dieses Volks das zu tun, was am schwierigsten ist, weil es das Selbstverständlichste ist: den Bürgern und mit den Bürgern eine ganz normale und gute Gesellschaft zu bauen, in der all das keine Nahrung mehr findet, was uns, diesen Staat im Jahre 1938, in den Abgrund getrieben hat.“

Henry A. Kissinger

US-Außenminister von 1973 bis 1977

Austria, Europe and the United States

The sudden and widely unexpected breakdown of communist rule in Eastern Europe in 1989 put Austria in a fundamentally new position. Many will remember the pictures of thousands of East German citizens "on vacation" in Hungary crossing the border into Austria with barely more on them than the suits on their backs. These pictures mark the end of Warsaw Pact solidarity, the end of the Iron Curtain, the end of communist rule in Eastern Europe as much as the pictures of the destruction of the Berlin wall. Austria's neighbours entered this new historic phase comparatively well-prepared. While other former communist countries are still struggling with the economic and political heritage of their totalitarian past, Hungary, the Czech Republic and to a lesser extent Slovakia seemed to achieve a relatively smooth landing in free-market democracy. This is in part due to the economic and political experience that these countries have acquired through their longstanding contacts with Austria, which at an early stage started broad-scale investment in these economies, training programs for their managers and civil servants, student exchange and open trade relations. It is therefore not surprising, that Austria still holds the second position after Germany as far as foreign investment in Central Europe is concerned.

The breakdown of communism moved Austria's position from the margins of Western Europe to the center of an economically dynamic and politically volatile zone of the European continent. The new political options offered by this situation were immediately put into practice by the Austrian government.

As early as 1986, with the accession of Dr. Franz Vranitzky to the office of the Federal Chancellor the thrive for membership in the European Community gained momentum. Dr. Vranitzky embarked on a vast program of modernisation which included economic reform as well as a new phase for Austria's foreign policy. In a period of uncertainty about the development of East-West relations with the Perestroika changing all parameters which until then represented conventional wisdom in dealing with the Soviet Union and its satellites, the Austrian Government launched determined efforts to integrate Austria into the zone of stability and prosperity created by the European Community. For several decades such a move has been opposed by the Soviet Union, which deemed Austria's membership in the EC to be incompatible with her status of neutrality. Taking advantage of the double window of opportunity that Gorbatchev's new foreign policy and the dynamism of the European integration process led by Jacques Delors as President of the European Commission opened, the Scandinavian EFTA-countries and Austria, led by Chancellor Franz Vranitzky became a member of the newly created European Economic Area, which was regarded as an important step towards full membership on the European Community. Austria, after an overwhelming positive vote in a national referendum, finally joined the European Union on January 1, 1995.

At the same time the European Community made a big step forward on the way towards opening the road for integration of these countries by concluding the so called "Maastricht Treaty" which of the European Union committed themselves to the establishment of a monetary union and even more important to the establishment of a political union, including a common foreign and security policy and common internal security policy. Through this step Europe asserted its role as one of the main centers in an emerging new world order after the end of the Cold War.

The European Union had to deal with a series of challenges presented by the breakdown of the Soviet empire. Not only did the prosperous countries of the EFTA, including Austria knock on the door of the Union, but it became increasingly clear, that the reform countries of Central and Eastern Europe, once freed from Soviet tutelage, would do the same. Internally, the balance of power between the members of the Union was fundamentally changed by German unification. And the ambitious program of the Maastricht Treaty aroused unjustified expectations about its prompt realisation as well as suspicions about Europe's aspirations in a new world order.

It is yet unclear, whether the European Union will be able to achieve the lofty goals that it has set for itself or whether the demise of the Soviet Union will in the long run lead to the renationalisation of European politics. The Yugoslav crisis almost brought about a return to a 19th century-style power struggle among the big European States and the fact, that the European Union could maintain a high degree of cohesion in its approach to the crisis inspite of the all too obvious fact that the national interests and sympathies of its members were unevenly distributed among the parties to the conflict, can be interpreted as one of the big successes of the EU. Dr. Vranitzky was among the first to recognize that war between the different Yugoslav Republics could have grave consequences for the future of the European Union, if its members did not exercise restraint and if they did not honor their commitments to a common foreign and security policy. For the future, however, it will not be sufficient to avoid open division among EU-members, but it will be necessary to develop common strategies for conflict prevention and crisis management. In order to fulfil its role in the new world order the European Union will have to switch its foreign policy from a reactive to an active mode. Dr. Vranitzky is known to be an energetic advocate of such a policy, which at the same time maintains a close relationship with the United States.

The appeal of the European Union for the young democracies of Central and Eastern Europe will highly depend on its performance in the political field. With the Russian Federation opposing expansion of NATO to the East and the United States reluctant to risk confrontation with Russia over this issue the European Union represents the only anchor of stability and security for these countries. Austria has made clear its position that the accession of her eastern neighbours to the Union is a political necessity despite the economic problems that might accompany their integration into the European market.

The enlargement of the EU to the east will necessarily bring the question of relations with the Russian Federation and the other successor states to the Soviet Union to the forefront of political debate. At the same time a redefinition of transatlantic relations seems to impose itself. The new multipolar world order is still an equation with many unknowns. It is yet unclear whether the European Union will be able to achieve a degree of political cohesion that would provide it with the political weight corresponding to its economic power. It is equally unclear, if the Russian Federation will be able to reassume its position as a leading world power, be it under democratic rule or under some form of authoritarianism. The United States seem to be torn between the temptations of isolationism and a messianic euphoria as the only remaining world power.

A multitude of new players is entering the scene of world politics ranging from the economically striving countries of South-East Asia and Latin America to the heavily armed islamic regional powers of Iran, Irak and Pakistan. International corporations have reached a critical mass, which provides them with more political leverage than many of todays nation-states could ever dream of. The multilateral institutions of the Cold War, be it the NATO or the international economic and financial institutions, are searching for a new role and identity. The United Nations are gaining potential new relevance, which, however, they can only secure through a process of thorough reform.

In this volatile situation the pragmatic redefinition of transatlantic relations is of paramount importance. The mere fact, that Europe and the USA share the same political and economic values, that they advocate democracy, human rights and market economy will not suffice alone to perpetuate the strong alliance forged against a common external threat, which does not longer exist. A clear definition of common as well as of diverting interests must form the basis of the new transatlantic agenda. And diverging interests there are in the political and especially in the economic field which risk to jeopardise existing relations. The globalisation of economic exchanges has moved commercial issues to the center of international politics. Regional economic integration has replaced security cooperation as the main instrument to foster bilateral relations and economic disputes seem to dominate transatlantic agends. Dr. Vranitzky when receiving the Fulbright Prize for International Understanding in 1995 stated, that "the European Union, NAFTA and the new groupings in South America and South-East Asia must not become self-centered and inward-looking but have to perceive each other as partners within a global framework." This warning against economic and political fortress-building has to be kept in mind by those who build the new transatlantic partnership.

Austria under the leadership of Dr. Vranitzky has emerged both as a strong supporter of closer transatlantic partnership as well as a potential form of leadership in the continuing process of European integration. Both – transatlantic partnership and European integration – will either succeed together or fail together. Austria with her strong ties to Washington and Brussels will certainly continue to work towards success in both areas.

45

11. Mai 1988

In Wien vor der Wahl zum Parteivorsitzenden

„Es ist für mich ein bewegender, ja ein feierlicher Augenblick, heute vor Euch zu stehen und mich um eine Funktion zu bewerben, die Männer wie Victor Adler, Karl Seitz, Adolf Schärf, Bruno Pittermann, Bruno Kreisky oder Fred Sinowatz innegehabt haben.
Es ist Herausforderung und Verpflichtung zugleich, zur Verfügung zu stehen, wenn die große Partei der arbeitenden Menschen in Österreich darangeht, sich eine neue Identität zu geben – eine Identität, die den Veränderungen in Wirtschaft und Gesellschaft Rechnung trägt, die aber um nichts weniger zukunftsorientiert, um nichts weniger humanistisch und um nichts weniger sozialistisch ist als bisher.
Ich bin überzeugt, wenn uns dieser große Schritt gelingt, dann werden wir – wie schon so oft in der Vergangenheit – Vorbild und Hoffnung für die Arbeiterbewegung in den anderen Ländern Europas und der Welt sein.“

Kiki Kogelnik

Künstlerin

Alles, nur keine Schwammerln

Es ist ein ungewöhnliches und verwegenes Unterfangen, wenn man über jemanden etwas schreiben soll, den man persönlich nicht näher kennt und dessen Arbeit einem nur teilweise bekannt ist. Es ist, als ob ein Maler ein Portrait malen soll, dessen Subjekt er nur flüchtig gesehen hat – und von dem er vielleicht nicht einmal ein Foto besitzt.

Trotzdem versuche ich, dieses Portrait zu malen, da der „Sitter" der Bundeskanzler von Österreich ist. Ich glaube, daß durch seine Persönlichkeit und geistige Einstellung nicht nur die meisten öffentlichen Entscheidungen in unserem Land beeinflußt werden, sondern daß er auch Österreich ein neues „Image" gegeben hat.

Ich habe Franz Vranitzky nur vier Mal in meinem Leben getroffen: bei zwei Eröffnungen des österreichischen Pavillons während der Internationalen Biennale der Bildenden Kunst in Venedig; das dritte Mal in der „Temple Bar" in New York, wo der Bundeskanzler die in Amerika lebenden österreichischen Künstler begrüßte. Das letzte Mal sah ich ihn vor zwei Jahren in meiner Heimatstadt Bleiburg in Kärnten, wo er noch spät am Abend zu der Eröffnung des von mir entworfenen Freyungsbrunnens kam.

Der Brunnen steht auf dem Hauptplatz vor unserem Haus, und so lud ich Vranitzky und seine Gesellschaft zu einer Schwammerlsuppe und einem Glas Bier im Hofe unseres Hauses ein. Es war einer dieser schönen, warmen Sommertage, und auch der Abend war lauwarm. Damals gestand mir Vranitzky: „Ich esse alles, nur keine Schwammerln!" Wir hatten Gott sei Dank noch Schinken und Brot im Haus, und der Abend war gerettet.

Die Konversation ging über Kunst und Künstlerfreunde, über soziale Probleme der Frau bis hin zur amerikanischen Literatur, die den Kanzler besonders interessierte.

Es ist mir bei jeder Begegnung aufgefallen, wie groß sein Interesse an Amerika war. Er war natürlich besser informiert als ich, was in Amerika in der Politik vorging. Dieses weitreichende Interesse und die Kenntnis der amerikanischen Art, zu denken, haben sicherlich mit seinen Studienaufenthalten in Amerika zu tun. Vranitzky könnte ein amerikanischer Politiker sein. Seine äußere Erscheinung, sein Auftreten im Wall-Street-Anzug und seine Offenheit erinnern mich an einen erfolgreichen amerikanischen Politiker. Die New York Times beschrieb ihn 1986 – nachdem er zum Bundeskanzler von Österreich gewählt worden war – als „a banker with a fresh new face – one of youth and vigour, tall, athletic, cosmopolitan and boyish looking at 48 years old".

Für mich ist Vranitzky ein „Selfmademan". So wie es in Amerika egal ist, wo man herkommt, aber es nicht egal ist, was man geleistet hat, so hat Vranitzky sein eigenes Schicksal in Österreich bestimmt. Er ist nicht der komplizierte, komplexe, alteuropäische Bundeskanzler, wie es Bruno Kreisky war, er ist ein Mann unserer Zeit.

Die Auszeichnung mit dem „William Fulbright Prize for International Understanding", die Vranitzky im November 1995 erhalten hat, ist im amerikanischen intellektuellen und politischen Leben hochgeschätzt. Neben Nelson Mandela und Jimmy Carter, die den Preis vor ihm erhalten haben, ist Franz Vranitzky in Gesellschaft außergewöhnlicher Männer. Präsident Clinton schrieb in seinem Telegramm an ihn: „Chancellor Vranitzky's efforts to break down the political and cultural barriers that divide human kind reflect Senator Fulbright's own commitment to global understanding. He is a leader of extraordinary talent whose achievements are respected around the globe, and his contributions to bringing peoples, cultures and nations to greater cooperation have made our world a better place now and for the generations to come."

Durch diese Auszeichnung gelingt es Österreich vielleicht, den Schatten Waldheims zu vertreiben und ein aufgeschlossenes und neues Österreich der Welt zu präsentieren.

In der Tat hat sich schon viel getan.

Als ich Anfang der sechziger Jahre als junge Malerin nach New York ging, verließ ich ein Wien, in dem es neben der Galerie Sankt Stephan unter Msgr. Otto Mauer keine andere Galerie oder sonstige interessante Ausstellungsmöglichkeit gab. Der Kreis der Kunstinteressierten – ich meine hier moderne Kunst – war sehr, sehr klein. Man konnte hier kaum von seiner Kunst leben – obwohl Wien damals viel billiger war. Die Übersiedlung nach New York war für mich damals ein Sprung in die internationale Kunstwelt – mit allen Schwierigkeiten und internationaler Konkurrenz. Aber auch mit allen wichtigen Herausforderungen. Dies hat mich in relativ kurzer Zeit in New York gezwungen, meinen eigenen und sehr persönlichen Weg in meiner Arbeit zu gehen. Wien war in den sechziger Jahren eine Welt hinter den Bergen – deren Kunst im Ausland vergessen und unbekannt war. Von einem „Kulturbetrieb" in Österreich konnte man nicht sprechen.

Von außen gesehen hat sich Österreich kulturell in den letzten zehn Jahren sehr zum Positiven geändert. Die verstärkte Unterstützung von österreichischer und internationaler Kunst ist merklich sichtbar. Es gibt in Wien jetzt öfters große Ausstellungen, die mit Paris, London oder New York konkurrieren können.

Nicht von ungefähr hat das Museum für Angewandte Kunst (MAK) den europäischen Museumspreis für 1996 vom Council of Europe in

Straßburg erhalten. Sein Direktor, Peter Noever, hat das Museum aus seinem Schlaf erweckt und in den letzten Jahren Ausstellungen von internationaler Bedeutung gezeigt. Dieses Museum ist jetzt das aktivste und interessanteste Museum von Wien und ist ein Zentrum der Jugend und Kunstinteressierten geworden.

Daß eine Sanierung überhaupt verwirklicht werden konnte, hängt direkt mit dem neuen Klima in Österreich zusammen. Sie ist ein Beispiel, wie weit wir kommen können, wenn zwei Parteien wirklich kooperieren, um einen überparteilichen Konsens möglich zu machen. In diesem Fall war das Resultat ein wichtiger und richtiger Erfolg.

Unter Vranitzky hat der Bundesminister für Wissenschaft, Forschung und Kunst, Rudolf Scholten, eine sehr aktive Rolle in der Kunstförderung gespielt und viel geleistet. Über Einzelheiten weiß ich zu wenig, aber der Auftritt von Scholten mit Salman Rushdie zeigte viel Mut und hat Österreich international in einem guten Licht erscheinen lassen. Auch der Einsatz für H. C. Artmann hat mich sehr beeindruckt und zeigt, daß man jetzt in Österreich wieder Dichter öffentlich zu schätzen gelernt hat. Die Präsentation österreichischer Literatur bei der Frankfurter Buchmesse war ein bemerkenswerter Erfolg.

Der Entschluß, das kommende neue Kultursymbol Österreichs, das Kulturinstitut in New York – entworfen von Architekt Raimund Abraham – jetzt zu bauen, ist ein weiterer Beweis der Weitsichtigkeit des Kanzlers und aller Parteien unseres Landes.

Nicht alles im jetzigen Österreich ist perfekt. Aber in den letzten zehn Jahren hat unser Land einen großen Sprung nach vorne gemacht und dabei bewiesen, daß es viel größer sein könnte als seine geographischen Grenzen. Wir könnten sogar die Bedeutung, die wir vor hundert Jahren in Kunst, Literatur und Wissenschaft hatten – wieder annehmen. Dies ist nur in einem Klima von Offenheit, intellektueller Wachsamkeit und geistigen Ambitionen möglich – für das sich Menschen wie Vranitzky so eingesetzt haben.

11. Juni 1988

In Kassel bei der Ausstellung der Aktionisten

„Daß der Bundeskanzler der Republik Österreich eine Ausstellung über den Wiener Aktionismus eröffnet, mag für viele ein gewisser Anachronismus sein. Politisches Establishment – um einen Ausdruck zu verwenden, der in den 60er Jahren gerne verwendet wurde – und Aktionisten bildeten stets Gegensätze. Mehr noch: Der Wiener Aktionismus hat sich immer auch als Ausdruck gegen politische Bevormundung, kulturelle Dienstverordnung und pragmatische Harmonie gewendet.
Damit stellen sich folgende Fragen:
Ist der Aktionismus in sein museales Alter gekommen?
Sind Politik und Gesellschaft liberaler geworden?
Oder bloß vereinnahmender?
Wahrscheinlich stimmt alles ein bißchen!“

Abend des 17. Dezember 1995

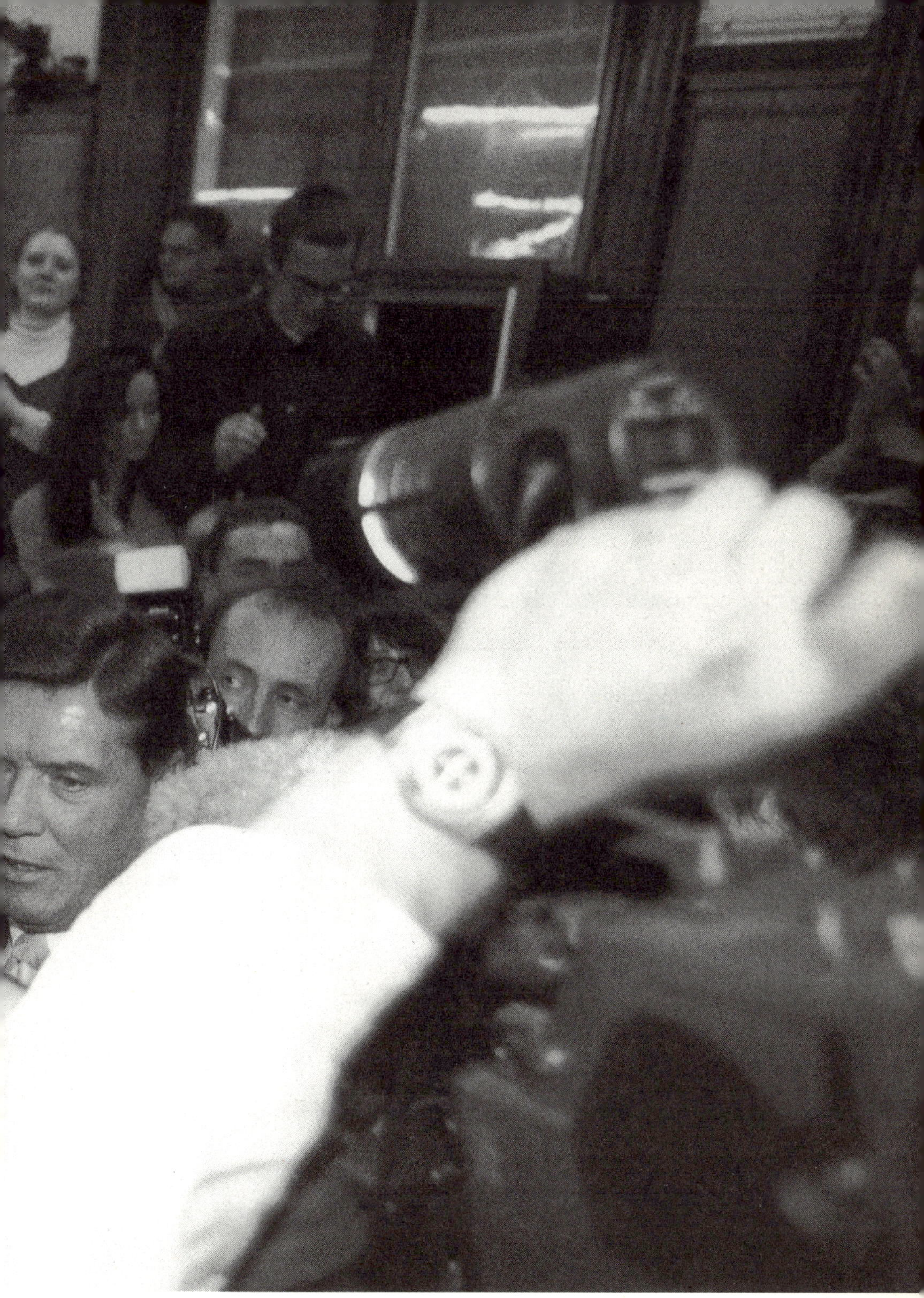

Offizielles Wahlkampffoto 1986

① Angelobung des Kabinetts Vranitzky I bei Bundespräsident Rudolf Kirchschläger am 16. Juni 1986

② Auf der Regierungsbank, erste Regierungserklärung am 18. Juni 1986, gemeinsam mit Vizekanzler Norbert Steger und Finanzminister Ferdinand Lacina

③ Shakehands mit den Spitzenkandidaten der anderen Parteien am Wahlabend des 23. November 1986

Mit Bruno Kreisky in der Armbrustergasse (Mai 1990)

① Amtsübergabe, 16. Juni 1986
② Unterzeichnung des Koalitionsvertrages am 16. Jänner 1987
③ Ministerrats-Sitzung mit Vizekanzler Josef Riegler
④ Mit Vizekanzler Erhard Busek am 24. November 1992

① Mit Vizekanzler Wolfgang Schüssel
② Am Vorabend des 17. Dezember 1995

① – ③ Mit den US-Präsidenten Bill Clinton (April 1994), Ronald Reagan (Mai 1987) im Weißen Haus und George Bush beim KSZE-Abschlußtreffen am 20. November 1990 in Paris

Die Unterzeichnung des EU-Beitrittsvertrags auf Korfu (24. Juni 1994)

Mit Helmut Schmidt

① – ⑦ Mit Felipe González, Shimon Peres, Yassir Arafat, Papst Johannes Paul II., Jacques Delors, François Mitterrand und Henry Kissinger

Verleihung des Internationalen Karlspreises der Stadt Aachen
„in Würdigung seines Einsatzes für die Stärkung Europas" (15. Mai 1995)

① Udo Jürgens
② Rosa Jochmann
③ Bei einem Basketball-Benefizspiel
④ Jack Nicholson
⑤ Hermann Nitsch

① Mit Lakers-Star „Magic“ Johnson
② Mit US-Botschafterin Swanee Hunt und Billy Wilder

Als Wahlkämpfer in Niederösterreich

① Vor dem Ministerrat mit Finanzminister Lacina (Juni 1994)
② An seinem Arbeitstisch im Bundeskanzleramt
③ Beim Blick auf den Ballhausplatz

① Gemeinsam mit Tochter Claudia, Frau Christine, Sohn Robert (1986)
② Christine und Franz Vranitzky (1995)

① Mit jungen Fans in Niederösterreich
② Am Großglockner
③ Mit Ehefrau Christine und Enkelin Lina

7. August 1990

Bei den Trauerfeierlichkeiten für Bruno Kreisky

„Als Bruno Kreisky dieses Haus, das Bundeskanzleramt am Wiener Ballhausplatz, nach dem Krieg erstmals betrat, tat er es als junger Legationssekretär des Außenamts. Es war dies der Beginn einer langen politischen Laufbahn, während der er den Ballhausplatz kaum für längere Zeit verlassen sollte. Es war dies aber auch Genugtuung und Wendepunkt eines politischen Lebens, das ihn bereits vorher alle Härten und Niederlagen, politische Verfolgung, Gefangennahme und Exil hatte erfahren lassen.
Die Geschichte Bruno Kreiskys ist eng verbunden mit der Österreichs. In ihm spiegelt sich die jüngere Geschichte unseres Landes geradezu wider. Mehr noch: Er hat sie über lange Zeit entscheidend mitgestaltet. Der Bogen, der sich vom miterlebten Zusammenbruch des monarchischen Vielvölkerstaats über die schier unüberwindlichen Polarisierungen der Zwischenkriegszeit, politische Verfolgung, Exil, intensive Arbeit für das wiedererstandene Österreich bis hin zur Modernisierung der Gesellschaft in den 70er Jahren spannt, ist fürwahr beeindruckend. In 26 Jahren als Regierungsmitglied, 13 Jahren als Bundeskanzler und 16 Jahren als Vorsitzender der Sozialistischen Partei Österreichs hat er dieses Land geprägt wie nicht sehr viele vor ihm."

Herbert Krejci

Publizist

Industriestandort Österreich

Eine Begriffserklärung zum Anfang: Bewußt wird hier immer vom Industriestandort gesprochen, um solcherart die Unverzichtbarkeit einer leistungsfähigen und zukunftsorientierten Industrie – im modernen, umfassenden Sinne interpretiert – für Wettbewerbsfähigkeit, Wohlstand und soziale Sicherheit unseres Landes zu dokumentieren. Der heute offenbar als politischer Kompromiß verwendete Begriff Wirtschaftsstandort klingt zu verwaschen und unpräzise, da ja wohl ein Land ohne Wirtschaft, was immer darunter verstanden werden kann, nicht denkbar ist.

Eine weitere Klarstellung ist angebracht: Industrie ist längst nicht mehr nur Güterproduktion im sekundären Sektor der Wirtschaft, sie ist weiter ausgreifend aufzufassen: als Wirtschaftsbereich, der die Erzeugung von Gütern in engster Verzahnung mit vor- und nachgelagerten industrienahen Dienstleistungen betreibt. So gesehen, darf es nicht wunder nehmen, wenn nach der enggefaßten Beschäftigungsstatistik der Wirtschaftskammer die Zahl der Mitarbeiter in der Industrie nicht mehr über die industrielle Potenz Auskunft gibt. Nach wissenschaftlichen Untersuchungen sichert jeder Arbeitsplatz in der Industrie etwa 1,2 Arbeitsplätze im Dienstleistungsbereich.

Eine dritte Präzisierung betrifft – um nicht den Verdacht der Hagiographie auf sich zu laden – themenadäquat die Rolle des Bundeskanzlers als Chef einer Koalitionsregierung in der Politik, hier besonders mit Schwerpunkt auf Wirtschafts- und Industriepolitik. Der Regierungschef gibt zusammen mit der Spitze des Koalitionspartners die große Richtung vor, die Akzentsetzung im einzelnen, vor allem im Tagesgeschehen, ist (nach mühevoller Beratung!) das Ergebnis von Überzeugungskraft, Kompromißbereitschaft und Durchsetzungsmöglichkeit.

Wer das Getriebe der Politik in einer modernen Mediengesellschaft nur ein wenig von Innen kennt, weiß, daß da für die vor allem von Journalisten immer wieder geforderten „großen Würfe" nicht viel Spielraum bleibt, daß eben Max Webers Definition der Politik von höchster Aktualität ist. (Hätte er den Einfluß von Massenmedien gekannt, wäre seine Aussage wahrscheinlich noch viel skeptischer, weil realitätsnäher, ausgefallen!) Politik wird so zum mühsamen Schritt-für-Schritt-Kampf um „Möglichkeitssinn" (Robert Musil).

Mit dieser Feststellung kann nach Meinung des Verfassers viel von der meist wenig sachlichen Kritik am Führungsstil Franz Vranitzkys widerlegt werden. Aber ruhiges Nachdenken ist eben in der öffentlichen Diskussion nicht gefragt ...

Das wirtschaftspolitische Denken und Handeln des Bundeskanzlers ist von einer jahrzehntelangen intensiven Beschäftigung mit Themen der Wirtschaft und daraus resultierenden Erfahrungen, vor allem im internationalen Kontext, geprägt. Industrielle Dimensionen – nicht im engeren, interessenbedingten Sinne – sind ihm daher wohlvertraut. Sie werden durch den ständigen Kontakt und Erfahrungsaustausch mit Spitzenpersönlichkeiten des wirtschaftlichen Lebens – Industrie, Kreditwirtschaft, internationale Organisationen – vertieft, basierend auf einem weiten, internationalen Horizont.

So gesehen, gab es daher nie Berührungsängste mit Repräsentanten der österreichischen Industrie, ob organisationsgebunden oder unabhängig. Die Gespräche waren und sind stets von Offenheit und gegenseitigem Vertrauen charakterisiert, ohne daß auf spektakuläres Rankenwerk geachtet würde. Zuweilen klingt beim Kanzler die Sorge durch, daß sich Österreichs Industrieführer zuwenig zu Fragen äußern, die nicht unmittelbar im Betriebsgeschehen liegen.

Nicht vergessen werden darf in diesem Zusammenhang die Rolle des Regierungschefs als Parteivorsitzender: Im Sinne des oben Gesagten ist es natürlich seine – nicht immer leichte – Aufgabe, auch die Traditionsschichten seiner Partei mit ruhiger Überlegung auf die Realitäten, national und international, einzustellen, geht es nun um Steuersenkungen im Unternehmensbereich, Privatisierungen oder übernationale Integration. Mit Holzhammermethoden ist da wenig auszurichten, vielmehr sind – auch auf Seiten des politischen Partners – Geduld, Takt und Eingehen auf manche Ängste und Vorurteile geboten. Der in den Entscheidungen vom November 1993 kulminierende neue Kurs in der Privatisierung verstaatlichter Unternehmen darf als positives Beispiel hiefür genannt werden.

Ein wenig industriefreundliches Umfeld in Österreich

Industriepolitik, soferne der Ausdruck sich überhaupt breiter Verwendung erfreut, ist in Österreich mit schweren historischen Hypotheken belastet, die darzustellen äußerst reizvoll wäre, weil sie weit in die Geistes- und Kulturgeschichte reichen. Einige Stichworte mögen stellvertretend für eine umfassende geschichtliche Erklärung stehen: Gegenreformation mit Brechen des Bürgerstolzes, Binnenlage, Fehlen einer maritimen Tradition, Kapitalaufzehrung infolge der Verteidigung der Ostgrenzen des großen Reiches, daraus folgend Angewiesensein auf Kapitalinvestitionen und unternehmerische Pionierleistungen des europäischen Auslandes, bis hin zu antiindustriellen Animositäten und deren Förderung durch kleinbürgerliche politische Bewegungen, insbesondere die Christlich-Sozialen in den letzten Jahrzehnten des vergangenen Jahrhunderts, bei gleichzeitigem Fehlen eines echten Liberalismus und einer selbstbewußten Bürgerschicht. Nicht zufällig heißt es bei

Franz Grillparzer: „Und die Größe ist gefährlich“, wird doch Industrie immer wieder, heutzutage oft fälschlich, primär mit Größe, damit Machtstreben und kapitalistischen Auswüchsen, assoziiert.

Diese Denkstrukturen haben in der Zweiten Republik ihre Fortsetzung gefunden. Ohne einer einseitigen Betrachtung beschuldigt zu werden, kann man doch sagen, daß die Österreichische Volkspartei nach 1945 in ökonomischer Hinsicht einen Kurs steuerte, der von klein- und mittelbetrieblichen Kategorien geprägt war, ausgeformt in der Bundeswirtschaftskammer und insbesondere im Österreichischen Wirtschaftsbund. Die Wiederbegründung eines freien Interessenverbandes der Industrie in Gestalt der Vereinigung Österreichischer Industrieller war daher eine logische Notwendigkeit, was in historischer Sicht nicht ohne ständige Irritationen, Denunziationen und vor allem tägliche Sticheleien abging. Persönlichkeiten wie Reinhard Kamitz und Stephan Koren waren die rühmlichen, geradezu „unösterreichischen“ Ausnahmen. Die Industrie mußte im „bürgerlichen“ Lager wohl zur Kenntnis genommen werden, sie erfreute sich aber nie besonderer Beliebtheit. Die auch öffentlich gemachten Bemerkungen dazu reichten bis zur Kabarettreife.

Trotz aller Aufklärungsarbeit ist der Stellenwert der Industrie im Gesamtgefüge unserer Wirtschaft immer noch nur rudimentär anerkannt. In einer Informationsbroschüre der Industriellenvereinigung wird die Stellung der Industrie sehr plakativ definiert:

„Die Industrie erbringt 28% unserer Wirtschaftsleistung – das Zehnfache der Landwirtschaft und das Doppelte der gesamten Tourismus- und Freizeitwirtschaft.

Die Industriekonjunktur bestimmt damit den Zustand der gesamten heimischen Wirtschaft.

Die Lage unserer Industrie entscheidet über Wirtschaftswachstum, soziale Sicherheit und Leistungsbilanz.“

Weiters wird in dieser Veröffentlichung daran erinnert, daß die Industrie der größte Devisenbringer des Landes ist, auch wenn selbst von höchsten Politikern der „bürgerlichen“ Seite der Fremdenverkehr als solcher genannt wurde! Nicht minder bedeutsam ist die industrielle Produktivität, die doppelt so hoch liegt wie in der Gesamtwirtschaft; dies alles Ergebnis einer höchstqualifizierten und elastischen Mitarbeiterschaft und des typisch österreichischen Gesprächsklimas in den Unternehmen, im Zeichen von Sozialpartnerschaft und ständigem Bemühen um die Erhaltung des sozialen Friedens.

Die hohen Investitionen des Auslandes in Österreich, insbesondere seitens sehr kostenbewußt kalkulierender internationaler Konzerne, sprechen dafür. Die Begründung führender ausländischer Industrieller hiefür ist geradezu monoton: Investitionen in Österreich sind vor allem durch das hohe Niveau der Mitarbeiter und die daraus zu erzielende Produktivität bedingt. Es kann heute schon ohne Industriechauvinismus gesagt werden, daß der Standort Österreich den Standort Deutschland an Attraktivität überholt hat.

Industriepolitik heißt nicht unbedingt Planifikation

Warum dann die immer wieder anzutreffende Angst vor einer selbst nur verbalen Beschäftigung mit dem Begriff „Industriepolitik"? Die Antwort ist einfach: weil wir in Österreich, insbesondere im „bürgerlichen" Lager, eine sehr einseitige Haltung zur Marktwirtschaft einnehmen. Diese ist vielfach nur eine Floskel für Sonntagsreden, nicht aber gelebte Alltagsrealität: sie ist oft rhetorische Fassade für ein Verharren in engen Denkmustern, gleichzeitig auch für die Ablehnung eines international orientierten, vorausschauenden und auch die natürliche und notwendige Rolle des Staates nicht leugnenden Denkens. Der Hinweis auf Staatslenkung und Planifikation ist da schnell zur Hand, während gleichzeitig in Krisenfällen, die sich in den letzten Jahrzehnten infolge der einschneidenden Veränderungen in der Weltwirtschaft häuften, ohne Bedenken nach staatlicher Förderung und Hilfe, auch von der vielgerühmten Privatwirtschaft, gerufen wird.

Alles in allem ein Austriacum, das so gar nicht zum Einbau Österreichs in einen großen europäischen Markt paßt, so daß die Zugehörigkeit zur Europäischen Union als willkommenes Stimulans für eine geistige Neuorientierung angesehen werden kann.

Vranitzkys Plädoyer für eine starke Industriepolitik

Die Sozialdemokratie steht schon aus ihrer Tradition der Industrie stets mit mehr Aufgeschlossenheit gegenüber, auch wenn sie durch viele Jahre nach 1945 von der Überlegenheit des öffentlichen Eigentums mit allen daraus resultierenden Folgen geprägt war. Über den mühsamen, durch Franz Vranitzky maßgeblich bestimmten Umdenkprozeß wird an anderer Stelle noch gesprochen.

Die Position des Bundeskanzlers zu Industrie und Industriepolitik sei kurz anhand mehrerer Äußerungen dargestellt:

Anläßlich des von der Bank Austria im März 1993 veranstalteten Symposiums „Für eine moderne österreichische Industrie" sprach er sich für eine aktive Industriepolitik aus. Industriepolitik sei nicht zu trennen vom Ziel der Vollbeschäftigung, um die politische, soziale und ökonomische Stabilität Österreichs zu erhalten. Dabei sei zwischen der verstaatlichten und der privaten Industrie kein Unterschied zu machen.

Industriepolitik bedeute, Rahmenbedingungen für die österreichischen Unternehmen zur Verfügung zu stellen, um im internationalen Wettbewerb reüssieren zu können. Er lehne es ab, das Wort „Industriepolitik" mit einem negativen Beigeschmack zu versehen oder mit der Eigentümer-Rolle des Staates zu verwechseln. Eine zeitgemäße Industriepolitik, die auf die Ursachen der Probleme im industriellen Sektor eingehe, könne nicht Verlustabdeckung im alten Stil sein, sondern die Schaffung von Rahmenbedingungen für die österreichischen Unternehmen.

Zum Thema „Österreichs Industriepolitik für ein Europa von morgen" referierte Franz Vranitzky im Oktober 1993 vor der Vollversammlung der Betriebsräte von Siemens Österreich. „Die Industriepolitik ist ein entscheidender Teil der Wirtschaftspolitik, da eine moderne Wirtschaft ohne den produzierenden Sektor nicht auskommen kann", erklärte er damals. „Industriepolitik heißt Rahmenbedingungen zu setzen, die Investoren veranlassen, in unserem Land Forschungslabors, Design Centers und Produktionsstätten zu betreiben, wobei ein möglichst hoher österreichischer Wertschöpfungsanteil anzustreben ist." So nur könne unser hoher Lebensstandard erhalten bleiben.

Schließlich Anfang Dezember 1995: Nach der Regierungsbildung müsse und werde der Infrastrukturausbau trotz Budgetkonsolidierung möglich sein, betonte Bundeskanzler Vranitzky bei einer industriepolitischen Diskussion in der Wiener Börse. Sowohl in den Schienen- und Straßenbau als auch in die Telekommunikationsinfrastruktur müsse weiterhin investiert werden, um die internationale Wettbewerbsfähigkeit nicht zu gefährden, den Wirtschaftsstandort Österreich abzusichern und eine hohe Beschäftigung zu gewährleisten. Neben allen bekannten wichtigen Faktoren für einen attraktiven Wirtschaftsstandort müsse man den Investoren aber auch politische Berechenbarkeit und Kontinuität anbieten können.

Stärkung des Industriestandortes

Entgegen der weitverbreiteten massenmedialen Klage über die angeblich nur geringen Erfolge der zehnjährigen Amtstätigkeit des Bundeskanzlers, insbesondere dessen oft gerügter Mangel an „Visionen", kann doch eine eindeutige Erfolgsbilanz für das Dezennium 1986–1996 geboten werden, als deren vier Schwerpunkte der Beitritt zur Europäischen Union, die Steuerreformpolitik, die Privatisierung und aus jüngster Sicht der entschlossene Ansatz zur Budgetkonsolidierung zu nennen wären.

Ohne die Initiative und konstruktive Mitarbeit des Koalitionspartners schmälern zu wollen, kann doch – wieder ohne Verklärung –

festgestellt werden, daß alle einschneidenden Schritte mit die Handschrift des amtierenden Bundeskanzlers tragen.

Zum Thema „Europäische Integration“ sei nur daran erinnert, daß es gerade die Industrie war, die sich, ganz im Gegensatz zu ihrer eher ängstlich-protektionistischen Rolle bei den ersten österreichischen Integrationsschritten (EFTA/EWG) in den sechziger und siebziger Jahren, bewußt und ohne Schranken schon seit der Mitte der achtziger Jahre für eine Vollmitgliedschaft Österreichs bei der damals noch so genannten Europäischen Gemeinschaft aussprach, was ihr zuweilen auch bei nahestehenden Gruppierungen nicht immer nur Zustimmung eintrug. Der einfache Grund für diese spektakuläre Haltungsänderung war das erstarkte Selbstbewußtsein einer neuen Unternehmer- und Managergeneration, die sich eben den Sprung ins kalte Wasser eines verschärften internationalen Wettbewerbs zutraute, nach dem Motto „Mehr Wettbewerb stärkt die Wettbewerbsfähigkeit“.

Die Industrie hatte dabei in Franz Vranitzky einen sehr kooperationswilligen Partner, der selbstverständlich darauf Bedacht zu nehmen hatte, wieweit das Vorwärtspreschen der Industrie mit einer klugen, die Tagesrealitäten, auch innenpolitischer Art, in den Blick nehmenden Politik in Einklang gebracht werden konnte. Die vielen in Jahren aufgebauten internationalen Kontakte, insbesondere das ausgezeichnete Gesprächsverhältnis zu Jacques Delors, kamen ihm dabei zugute. Der 12. Juni 1994 war damit auch sein Erfolg, nicht zuletzt, weil die von ihm geführte Partei zu einer treibenden Kraft der europäischen Integration Österreichs in Europa wurde, ohne Zweifel Ergebnis eines langen, nicht immer einfachen internen Diskussions- und Überzeugungsprozesses.

Ähnliches gilt für die in die Ära Vranitzky fallenden großen Steuerreformschritte, die gewiß das schöpferische Denken des Koalitionspartners als eine wesentliche Voraussetzung hatten. Aber es verdient in höchstem Maße Anerkennung, daß damit die Sozialdemokratie zu einer Mitgestalterin einer Steuerpolitik wurde, die im übrigen Europa als Vorbild anerkannt wurde und die dem Industriestandort Österreich neue, erhöhte Attraktivität bescherte. Es sei nur an ein Wort aus der Bundesrepublik Deutschland erinnert: „Was wir mit Schwarz-Blau nicht schaffen, habt ihr mit Rot-Schwarz zustandegebracht!“

17. September 1991

Vor dem Nationalrat zur Lage in Jugoslawien

„Wir haben bei allem, was wir tun, die österreichischen Interessen zu berücksichtigen, die Interessen aller Menschen, die von diesem Konflikt betroffen sind, und auch die Interessen Europas, das mit den Folgen dieses Konflikts wird leben müssen. Ausgewogenheit, Augenmaß und vorausschauende Planung sind hier gefragt, nicht übereilte Spontanreaktionen. Mir wurde das in der letzten Zeit gelegentlich als Zaudern ausgelegt. Ich weise das mit aller Entschiedenheit zurück. Wenn man von der Richtigkeit eines Verhaltens überzeugt ist, ist es nicht Zaudern, sondern Konsequenz, wenn man nach dieser Überzeugung handelt."

Ferdinand Lacina

Generaldirektor der GiroCredit Bank AG

Das neue Europa und die sozialdemokratische Antwort

Geknickte rote Nelken und Trauerflor auf SPÖ-Fahnen – hier wurde mehr betrauert als die verlorengegangene Illusion, daß die verstaatlichte Industrie ein unsinkbares Schiff ist. Verflogen war auch der Glaube an die Steuerungsfähigkeit der Volkswirtschaften, wirtschaftliches Wachstum wurde als gesellschaftliche Zielsetzung zunehmend in Frage gestellt, die Richtung des technischen Fortschritts kritisiert.

So standen Mitte der achtziger Jahre Franz Vranitzky und mit ihm die seit 1970 führende politische Kraft des Landes, die Sozialistische Partei, vor der Aufgabe, zunächst die akuten Krisen zu meistern. Der Rückzug der Parteipolitik aus der verstaatlichten Industrie war das augenfälligste Zeichen für die Neuordnung der österreichischen Basisindustrien. Vorsichtig, unter möglichster Schonung regionaler Interessen und Vermeidung sozialer Härten, wurde der notwendige Rückzug auf die redimensionierten Produktionseinheiten vorgenommen, wurden Partnerschaften mit in- und ausländischen Unternehmen begründet.

Die späte Reaktion auf dramatische Markteinbrüche hatte negative Auswirkungen zur Folge. Nicht nur das stabile soziale Klima, sondern auch der angestammte Platz Österreichs auf der Überholspur der wirtschaftlichen Entwicklung drohten verlorenzugehen. Kurzfristig mußten wir eine relative Verschlechterung der ökonomischen Basisdaten wie auch der Budgetrelationen hinnehmen. Traditionelle Märkte in Osteuropa gingen durch die Schuldenkrise verloren, die ausgebrochen war, nachdem die Sowjetunion die Ausfallshaftung für den gesamten Ostblock nicht mehr tragen konnte und wollte. Eine der Prämissen der Exportgarantiepolitik, wonach das souveräne Risiko Osteuropas vernachlässigt werden könne, erwies sich als unhaltbar. Bis heute sichtbare Spuren in Bankbilanzen und im Staatshaushalt waren die Folge. Insbesondere die übermäßige Kreditgewährung an Polen in den siebziger Jahren führte zu hohen Verlusten. Heute verfaßte Handbücher für den Investor in Osteuropa können auf diese – manchmal vom Autor sogar höchstpersönlich gemachten – Erfahrungen verweisen.

Eher trübe Konjunkturaussichten, die Notwendigkeit, das Budgetdefizit von über 5 Prozent auf ein tragbares Maß zu reduzieren, und schließlich auch das mit dem Innsbrucker Parteitag der FPÖ, mit der Ablöse Stegers durch Haider, eher ruhmlose Ende der Kleinen Koalition ließen die Stimmung auf einen Tiefpunkt sinken.

Zur Enttäuschung vieler, die auch neun Jahre später einen Kurswechsel herbeischreiben wollten, kam es nicht zur „Wende“, sondern zu einer Zusammenarbeit zwischen SPÖ und ÖVP unter Bundeskanzler Vranitzky und zur Ausarbeitung eines umfangreichen Reformprogramms.

Gerade die Eindämmung der Budgetdefizite – nicht mittels Schocktherapie, sondern in überschaubaren Schritten – stieß in SPÖ und ÖGB nicht von vornherein auf großes Verständnis, wie auch die ÖVP beträchtliche Schwierigkeiten hatte, die in 16 Jahren zur Gewöhnung gewordene Oppositionsrolle abzustreifen.

Wesentlich rascher als erwartet belebte sich die Wirtschaft, die eingeleitete Budgetkonsolidierung und eine umfassende Steuerreform wurden national und international als Signal für den Aufschwung verstanden. Durch maßvolle, um ein Halbjahr verschobene Erhöhungen der Bezüge im öffentlichen Dienst und der Pensionen sowie ein alle Bereiche umfassendes Konsolidierungspaket konnten konkrete Fortschritte bei der Reduktion des Defizits erreicht werden. Entgegen vielfach geäußerten Befürchtungen beeinträchtigte die maßvoll restriktive Wirkung des Bundeshaushalts den einsetzenden Wirtschaftsaufschwung nicht; zunächst der private Konsum, dann die Exporte stützten die Konjunktur. Es wurde deutlich, daß die Mobilisierung von Sparguthaben breiter Schichten, d. h. die Reduktion der Sparquote, zumindest kurzfristig Perioden nur langsam steigender Kaufkraft überbrücken kann. Die mäßig steigenden Lohnkosten verbesserten die Wettbewerbsposition der außenhandelsabhängigen Wirtschaftszweige. Insbesondere auch die Basisindustrien faßten wieder Tritt, nach schmerzvollen Sanierungsopfern konnte der ÖIAG-Bereich in wichtigen Beteiligungsgesellschaften ausgeglichene Ergebnisse oder sogar bescheidene Erträge ausweisen.

Eine der wichtigsten wirtschaftspolitischen Weichenstellungen des Kabinetts Vranitzky II war zweifellos die Steuerreform 1989. Noch in die Periode der Kleinen Koalition fiel eine Reduktion der Lohn- und Einkommenssteuerbelastung mittels Anhebung der Absetzbeträge für Arbeitnehmer und der Einführung von Kinderabsetzbeträgen für Alleinverdiener und Alleinerzieher. Die letztgenannte Maßnahme war von den Gewerkschaften – zur Herbeiführung eines Kompromisses mit der christlichen Fraktion – verlangt worden. Sie hatte den Nachteil, daß sie gerade dort nicht wirksam wurde, wo sie verteilungspolitisch besonders erwünscht gewesen wäre – nämlich bei den AlleinerzieherInnen und AlleinverdienerInnen mit den niedrigsten Einkommen. Dieser Fehler wurde erst 1989 beseitigt, als die Absetzbeträge durch Ausgleichszahlungen – das erste Element einer Negativsteuer in Österreich – ergänzt wurden. Ansonsten hatte diese Anpassung der Steuern zwar erhebliche Kosten, jedoch keine positiven Strukturänderungen zur Folge. Die nominellen Steuersätze blieben unverändert hoch, der Abstand zwischen den Durchschnitts- und den Grenzsteuersätzen stieg noch an. Diese Verschärfung der Progression mußte den Druck auf eine Neuregulierung erhöhen.

Zunächst folgten jedoch Maßnahmen zur Vorbereitung auf die anvisierte Integration Österreichs in die Europäische Gemeinschaft. Die Abschaffung des dritten Mehrwertsteuersatzes, der vorwiegend aus handelspolitischen Gründen eingeführt worden war, bildete einen ersten Schritt. Umfassend jedoch war die Steuerreform, die 1988 beschlossen wurde und 1989 in Kraft trat. Die generelle Zielsetzung folgte internationalen Vorbildern: Durch die Senkung der nominellen Steuersätze bei gleichzeitiger Verbreiterung der Steuerbasis sollte das Belastungsgefühl auf das Ausmaß der tatsächlichen Belastung abgesenkt werden. Insbesondere ging es um das Schließen von Steuerlücken und die Durchforstung eines Dschungels von Begünstigungen. Diese Fülle von Begünstigungen konnte im Einzelfall meist wohl begründet werden, insgesamt wirkte sie sich jedoch nur zugunsten der Bestinformierten und meist auch Bestverdienenden aus.

Ein beachtlicher Teil der Begünstigungen und Schlupflöcher zählte zum eisernen Bestand des österreichischen Steuersystems, beispielsweise die De facto-Steuerfreiheit der anonymen Spargelder, die vorzeitige Abschreibung, die steuerliche Begünstigung der Überstunden. Die glücklosen Versuche, mit der Zinsertragssteuer der eklatanten Ungleichbehandlung von Arbeits- und Kapitaleinkünften entgegenzusteuern, hatten der ÖVP Gelegenheit gegeben, aus der „Sparbuchsteuer" ein Schreckgespenst zu machen. Freilich, auch ihre Experten wußten, daß es nicht nur um Steuergerechtigkeit, sondern auch um die Milderung der Diskriminierung von produktiven Sach- gegenüber Finanzanlagen ging. Trotzdem drohte an dieser Frage die Steuerreform zu scheitern. Eine massive Senkung der Sätze im Einkommens-, stärker noch im Körperschaftssteuerbereich ohne Besteuerung der Zinseinkommen war den Sozialdemokraten kaum zuzumuten, andererseits hielt der damalige ÖVP-Obmann Mock starr an der Wahlkampfformel vom „Verhindern der Sparbuchsteuer" fest.

Die Ankündigung, daß der damalige deutsche Finanzminister Stoltenberg eine zehnprozentige Kapitalertragssteuer plane, stärkte jenen den Rücken, die in der ÖVP die Vorteile des Gesamtpakets erkannt hatten. Die Dramatik wurde durch den Rückzug des Staatssekretärs im Finanzministerium noch gesteigert, bis schließlich Taus, damals Wirtschaftssprecher, den Durchbruch in seiner Partei erreichte. Die weitere Entwicklung war dem Vorhaben der Quellenbesteuerung von Kapitalerträgen allerdings nicht günstig. In Deutschland führte das dort angewandte KEST-Modell zur massiven Kapitalflucht und wurde vom neuen Finanzminister Waigel abgeschafft. Bis heute konnte in unserem Nachbarland keine wirklich überzeugende Lösung gefunden werden. Mit der zweiten Stufe der Reform der Zinsenbesteuerung in Österreich wurde dagegen ein System entwickelt, das die Anonymität von Kapitalanlagen zu einer Frage von sekundärer Bedeutung macht. In der aktuellen Auseinandersetzung wird dies oft übersehen, werden doch Bankgeheimnis und Anonymität gern – absichtlich oder ohne Absicht – verwechselt. Schon 1988 dürfte dies geschehen sein, denn damals wurde das Bankgeheimnis in den Verfassungsrang erhoben, obwohl führende Vertreter des Koalitionspartners eigentlich vermeint hatten, der Anonymität gebühre diese Ehre. Doch auch in der SPÖ, vor allem in der Gewerkschaftsfraktion, herrschte nicht eitel Wonne über die geplante Steuerreform. Befürchtet wurden negative Verteilungswirkungen durch die Einschränkung von Arbeitnehmerbegünstigungen und die Senkung der Steuersätze. Zweifellos waren es gerade die artikulationsfähigsten Arbeitnehmergruppen, die durch die Kürzung von Sonderausgaben und die Streichung von Begünstigungen getroffen wurden. Auch der Hinweis auf die erwünschten arbeitsmarktpolitischen Effekte einer geringeren Attraktivität von Überstunden half anfangs wenig. Die Lohnsteuerstatistiken der Folgejahre zeigten aber, daß die Prämissen der Steuerreform richtig gewesen waren: Die Bereinigung und das Schließen von Steuerlücken brachten in den obersten Einkommensgruppen mehr Steuerertrag, als die Herabsetzung der Sätze kostete. So umstritten die Steuerreform 1989 ursprünglich war, so allgemein wurde sie letzten Endes akzeptiert. Die öffentlichen Auseinandersetzungen hatten sie auch im Bewußtsein der Öffentlichkeit verankert. In der nächsten Etappe war wohl auf dem Gebiet der Unternehmenssteuern eine weitere Reformetappe durchsetzbar, strukturelle Änderungen im Lohnsteuerbereich scheiterten aber am Widerstand der Gewerkschaften, sodaß 1993 lediglich eine Anpassung nach dem Muster 1986 erfolgte.

Die Arbeitslosigkeit war 1989 auf die Quote von 3,1% zurückgegangen, die Zahl der unselbständig Beschäftigten näherte sich der 3-Millionen-Grenze. Trotz Steuerreform konnte das Nettodefizit weiter abgesenkt werden, bis zum Jahre 1992 wurde der Konsolidierungspfad im wesentlichen eingehalten. Die Steuer- und Abgabenquote ging von 43,1% im Jahre 1985 auf 41% im Jahre 1989 zurück. Höhere Wachstumsraten um die 4 Prozent erleichterten die Erreichung der finanzpolitischen Ziele, weckten aber gleichzeitig neue Wünsche, die die Wahlbewegung 1990 und die Regierungsbildung prägten.

Doch vorerst beherrschten die revolutionären Veränderungen im zerfallenden Ostblock die Szene. Binnen kürzester Zeit brachen die zentral verwalteten Wirtschaften zusammen, das wirtschaftliche und politische Umfeld Österreichs veränderten sich grundlegend. Die im Zuge der Perestroika veränderte Außenpolitik der Sowjetunion hatte schon vorher die volle Integration Österreichs in die Europäische Gemeinschaft als politisch möglich erscheinen lassen, nunmehr wurde diese Möglichkeit zur Gewißheit. Die Sicherung eines diskriminierungsfreien Zugangs zu den wichtigsten Märkten Westeuropas und die Öffnung der Märkte unserer östlichen Nachbarstaaten waren in greifbare Nähe gerückt. In die Regierungszeit Vranitzkys fällt die umfassendste Veränderung unserer Rahmenbedingungen in der Zweiten Republik, die politische, soziale und kulturelle Neugestaltung Europas. Auf wirtschaftspolitischem Gebiet wurde rasch reagiert, einerseits durch institutionelle Unterstützung des Reformprozesses in den Nachbarländern, andererseits durch massive Ermutigung österreichischer Privatinvestitionen in den Reformstaaten. Die Schaffung des Ost-West-Fonds, die Adaption des Förderungsinstrumentariums an die neuen Gegebenheiten führten rasch zu positiven Resultaten – in der Handels- und Dienstleistungsbilanz mit den Reformstaaten und in der relativen Position Österreichs bei Direktinvestitionen.

Die österreichische Sozialdemokratie hatte vorsichtig und graduell ihre Haltung zur europäischen Integration verändert. War in den sechziger Jahren von breiten Kreisen in der ÖVP und der FPÖ ein EWG-freundlicher Kurs angesteuert worden – man erinnert sich an das „Verhungern in der Neutralität" des Handelsministers Bock –, orientierte sich die SPÖ aus gesellschafts- wie außenpolitischen Gründen auf die losere Integrationsgemeinschaft der EFTA. Pittermann artikulierte Systemkritik an der konservativ ausgerichteten EWG, dem „Europa der Monopole", Kreisky begründete seinen strikten EFTA-Kurs, den er als Außenminister gegenüber der ÖVP durchsetzte, vor allem mit außen- und sicherheitspolitischen Argumenten. Nach dem Umschwenken Großbritanniens zur EWG war die EFTA jedoch keine entwicklungsfähige Alternative mehr; folgerichtig rückte Österreich unter der Regierung Kreisky mit dem Freihandelsabkommen näher an die Europäische Gemeinschaft heran. Die politischen Veränderungen in Deutschland und Frankreich, die Rolle der EG im Konsolidierungsprozeß der jungen südeuropäischen Demokratien und die weitergehende Entspannung zwischen Ost und West erlaubten eine Neubewertung des Integrationsprozesses. Recht früh, doch sehr behutsam begann Franz Vranitzky diese Neubewertung in der Sozialdemokratie zu diskutieren und erste Signale nach außen zu geben, freilich, ohne in den Voluntarismus höchster Eile für den heißersehnten „Brief aus Brüssel" zu verfallen – zu einer Zeit, als die Antwort auf ein solches Schreiben noch in den Sternen stand: Vor allem Frankreich setzte auf eine Vertiefung der Gemeinschaft und das integrations- und europaskeptische Vereinigte Königreich eher auf Erweiterung.

Der deutsche Einigungsprozeß 1989/1990 war nicht dazu angetan, die französischen Bedenken gegenüber einer Verlangsamung des Integrationstempos durch den Beitritt von EFTA-Staaten zu zerstreuen. In überzeugender Weise gelang es jedoch in einem langen und umfassenden Diskussionsprozeß, die Arbeiterbewegung nahezu ausnahmslos – auch jene einschließend, die kurzfristig mehr Nachteile erwarten konnten – für eine klare integrationspolitische Linie zu gewinnen. Mit großem Realismus wurde auf jene Bereiche verwiesen, in denen wir schon bisher materiell stärker in den Integrationsprozeß involviert waren als manche Mitgliedstaaten der EU, beispielsweise im Außenhandel und in der Währungspolitik. Illusionslos wurde gesehen, daß trotz aller Dementis eine „Festung Europa" im Entstehen war, die wichtige Zulieferbetriebe Österreichs gegenüber ihrer EU-Konkurrenz diskriminierte. Die Beseitigung dieser und die Verhinderung künftiger Diskriminierung würden wohl einen Nettobeitrag Österreichs erfordern – dessen war man sich bewußt. Keineswegs jedoch erforderte und erfordert die EU-Mitgliedschaft den Verzicht auf unsere Identität und Selbständigkeit in der Frage von Frieden und Sicherheit in Europa und auf die positive Rolle der Neutralen auf diesem Feld. Nicht wenig war den persönlichen Vertrauensbeziehungen zu verdanken, die Vranitzky mit wichtigen Persönlichkeiten der Europäischen Union verbanden, insbesondere in den entscheidenden Schlußgesprächen. Und diese Feststellung soll nicht die Leistung jener mindern, die öffentlichkeitswirksamer um ein positives Ergebnis bemüht waren. Neben den Deklamationen und Deklarationen war viel an Überzeugungsarbeit im Detail zu leisten – bis zuletzt.

Das Ergebnis des Referendums war und ist deshalb auch ein persönlicher Triumph Vranitzkys, sorgfältig, behutsam, aber mit großer Konsequenz vorbereitet. An dieser Stelle sei angemerkt, daß mit ähnlichem Engagement und ähnlicher Konsequenz die Funktionäre der Bauernschaft ans Werk gingen – im Bewußtsein, nicht nur gute Nachrichten überbringen zu können. Wenig überraschend war die negative Haltung der FPÖ, die zur Unzeit, als es außen- und sicherheitspolitisch unmöglich war, noch den raschen Beitritt Österreichs zur EWG gefordert hatte. Mehr überraschte der Einsatz mancher in der ÖVP, Überzeugungsarbeit bei jenen zu leisten, die durch Negation der österreichischen wie der europäischen Institutionen Protestpotential anziehen wollen, denn Haider ist ja nicht gegen Europa. Die Freunde, zu denen er in Krumpendorf sprach, hatten die Stirnwand des Saales mit europäischen Fahnen geschmückt, den Fahnen einer „Nation Europa", jener Staaten, die SS-Kontingente für Hitlers Krieg bereitgestellt hatten. Es unterscheidet sich aber von jenem Europa, das zur Wirtschafts- und

Währungsunion ausgebaut werden soll, das nach sozialdemokratischen Vorstellungen für sozialen Fortschritt und für die Schaffung und Erhaltung von Arbeit mitverantwortlich sein soll, einem Projekt der Friedenspolitik.

Doch zurück zum Ende der achtziger, zum Beginn der neunziger Jahre. Noch in der ersten Periode der Regierung SPÖ-ÖVP wechselte die ÖVP ihren Obmann und Vizekanzler, konnte aber eine Wahlniederlage, die eklatante Vergrößerung des Abstandes zwischen den Regierungsparteien nicht verhindern. Kurioserweise versuchte die ÖVP durch weitgehende und kostspielige Forderungen und selbst in ihren Reihen höchst umstrittene Vorschläge in der Sozial- und Familienpolitik nach den Wahlen vermeintliche oder wirkliche Fehler zu korrigieren. Zweifellos brachte sie mit Forderungen nach dem zweiten Karenzjahr, nach massiven Erhöhungen von Familienleistungen und mit hohen Ansprüchen an das Pensionssystem die Sozialdemokraten in eine schwierige Lage. Dies und die günstige wirtschaftliche Lage, die sich allerdings nicht als beständig erwies, führten zu einem Überborden der Ansprüche an das Budget.

Im nachhinein ist wohl selbstkritisch anzumerken, daß ein Konsolidierungskurs nur schwerlich zwei Regierungsperioden hindurch gehalten werden kann, nach vier Jahren sind viele versucht, das Steuer wieder herumzureißen. Zweifellos brachte diese Sozialoffensive wichtige Fortschritte für viele – insbesondere die Pflegevorsorge. Doch insgesamt fehlte dann der finanzielle Atem, um gleichzeitig der rezessiven Entwicklung 1992 und 1993 gegenzusteuern und mit Steuerentlastungen und direkten Unterstützungen die Integrationsanpassung zu erleichtern. Zur Finanzierung dieser Aufgaben und des Nettobeitrages mußte daher eine höhere Verschuldung in Kauf genommen werden.

Steuerpolitisch brachte zunächst das Urteil des Verfassungsgerichtshofes Unruhe, das einen steuerlichen Ausgleich zwischen Familien ohne und mit Kindern erforderlich machte. Strukturell gelang es, den Grundsatz der Gleichmäßigkeit der Kinderförderung nicht nur zu erhalten, sondern auch durch die Abschaffung der überaus ungerechten, die höchsten Einkommen bevorzugenden Bestimmungen für das Urlaubs- und Weihnachtsgeld diese zumindest teilweise zu finanzieren.

Die Steuerreform 1993/94 brachte mit der Abschaffung der Gewerbe- und Vermögenssteuer wesentliche Verbesserungen im Unternehmensbereich und sollte damit einer Infragestellung des Standorts Österreich entgegenwirken, die in Deutschland inzwischen gang und gäbe war. Bei den Arbeitnehmersteuern konnte einiges vereinfacht werden, vor allem auch die Administration, etwa beim Jahresausgleich. Hohe Steuerausfälle wurden durch die Erhöhung der Absetzbeträge verursacht, die aber erfahrungsgemäß wenig dauerhafte positive Wirkungen erzielen. Die Mitwirkung der Interessenvertretungen der Arbeitnehmer bei weiteren Strukturveränderungen, auch im Sinne höherer Steuergerechtigkeit, konnte nicht erreicht werden. Skeptisch wurde von ihnen auch der Ausbau des Systems der Ausgleichszahlungen – der Negativsteuer – auf jene Arbeitnehmergruppen, die die niedrigsten Einkommen beziehen, betrachtet. Insbesondere für Teilzeitarbeiter und die Bezieher niedriger Aktiveinkommen – in beiden Fällen wohl überwiegend Frauen – wurde damit aber ein erster Schritt gesetzt, der nicht nur auf mehr Abgabengerechtigkeit durch den Ausgleich der regressiven Wirkung der Sozialausgaben abzielt, sondern auch die Schwarzarbeit in diesen Bereichen weniger interessant macht. In mehreren Schritten wurden Getränkesteuer wie KFZ-Steuer reformiert, aber auch durch die Umwandlung des erhöhten Mehrwertsteuersatzes für Kraftfahrzeuge in die Nova, die Normalverbrauchsabgabe, und zahlreiche andere Schritte eine Anpassung an die EU-Vorschriften erzielt.

Die schmerzliche Niederlage beider Regierungsparteien – diesmal war die SPÖ bei der Wahl im Jahre 1994 allerdings weit stärker betroffen – löste zunächst Unsicherheit aus; vor allem die Sozialpartner wähnten sich in ihrer Rolle und in ihren Institutionen gefährdet. Populismus schien ein nahezu unschlagbares Konzept zu sein. Elemente dieses Konzepts drangen stärker auch in die Regierungsparteien, Pressure groups und Interessenvertretungen ein. Sparen, abschlacken, redimensionieren, umstrukturieren – unter Bedingungen einer wirtschaftlichen Stagnation – schienen ein Rezept für den jeweils anderen zu sein. In der ÖVP wurde der nunmehr dritte Spitzenmann vom vierten abgelöst. Im Stil der fünfziger oder frühen sechziger Jahre ließ man die Koalition am Budget scheitern, eine angesichts der inzwischen wesentlich stärkeren internationalen Exponiertheit unserer Wirtschaft nicht zur Nachahmung empfohlene Taktik. Allerdings ist die Wahrscheinlichkeit, daß sich Nachahmer finden, durch das Resultat der Nationalratswahl vom Dezember 1995 ohnehin stark gesunken.

Das Vertrauen der Märkte in die Problemlösungskapazität der österreichischen politischen und sozialpartnerschaftlichen Institutionen erwies sich als berechtigt, das Kabinett Vranitzky V legte binnen kurzer Zeit ein Konsolidierungsprogramm und die Budgets für 1996 und 1997 vor. Der Abstand zwischen deutschem und österreichischem Zinsniveau sank wieder auf wenige Basispunkte.

Zehn Jahre erfolgreicher Arbeit an der Spitze der Bundesregierung eröffnen heute nicht die Möglichkeit, einen Augenblick des Verweilens genießen zu können. Steigende Arbeitslosigkeit – auf nationaler wie europäischer Ebene – mit einer Vielzahl von teils neuen, teils auch unorthodoxen Instrumenten zu bekämpfen ist für den Sozialdemokraten Vranitzky soziale Verpflichtung und nicht nur eine Frage der Erfolgsrechnung, in der nicht genutzte Arbeitskraft wohl als Verschwendung aufscheinen müßte. Dreißig Jahre sozialdemokratische Dominanz, basierend auf wirtschaftspolitischer Kompetenz, die aus der Arbeiterbewegung ihre Kraft schöpft, liegen in Reichweite.

3. November 1992

Über Bischof Erwin Kräutler anläßlich der Verleihung des Dr. Toni Ruß-Ringes

„Was ich damals von Erwin Kräutler wußte, wußte ich aus Zeitungsberichten über seinen – von ihm so sicherlich nicht gewollten – spektakulären und lebensgefährlichen Einsatz für die Rechte der Indianer. Und doch können noch so gute Zeitungsberichte nicht den persönlichen Eindruck ersetzen. Und dieser persönliche Eindruck hat sich bei unseren weiteren Begegnungen verstärkt:
Hier sagt einer, was ist. Hier beschreibt einer, was vor sich geht. Hier verschweigt sich jemand nicht. Vor allem: Da ist jemand, der zupackt.
Erwin Kräutler nennt die Dinge beim Namen. Das ist manchen unbequem, das ist ungewöhnlich, und das ist keineswegs ungefährlich. Es ist christlich, und – ich wähle diese Verbindung bewußt – es ist zutiefst politisch. Wenn Erwin Kräutler beispielsweise sagt: ‚Armut ist kein Schicksal, Armut wird gemacht. Dafür trägt jemand Verantwortung', so führt das zu einer in gleicher Weise religiösen wie politischen Frage, nämlich der Frage nach der Gerechtigkeit. Sie zu stellen bedurfte in allen Zeiten einer gewissen Unerschrockenheit, und auch heute steckt in dieser Frage noch ungeheure Sprengkraft."

Peter Pelinka

Journalist

Respekt, nicht Liebe
Der Kanzler und die Medien

Franz Vranitzky ist kein leichtes Objekt für Journalisten: Er regiert meist „leise" und pragmatisch, ohne die bisweilen auch mit „Luftballons" gefüllten Visionen Bruno Kreiskys, ohne die leicht verkrampfte Angestrengtheit von Fred Sinowatz, ohne das oft skandalträchtige Schillern eines Hannes Androsch, ohne die missionarische Starrheit Alois Mocks, ohne die intellektuelle Verspieltheit Erhard Buseks, aber auch ohne die eindeutigen Zweideutigkeiten seiner Widerparts, als deren Konterpart er entscheidend an Profil gewonnen hat: Vranitzky hat die Feigheit Kurt Waldheims ebenso authentisch verachtet wie er die skrupellose Demagogie Jörg Haiders verabscheut.

Ein solcher Politikertyp scheint nur partiell geeignet für die „amerikanische" politische Kultur. Schlägt dafür vor allem seine tatsächliche oder scheinbare Entideologisierung positiv zu Buche, im Falle Vranitzky auch noch seine sportlich-dynamische Erscheinung, wirkt nach solchen Kriterien seine distanzierte, nicht Adabei-konforme Art eher negativ. Zwar steht Franz Vranitzky insbesondere bei sportlichen Ereignissen auch in einem politikfernen öffentlichen Scheinwerferlicht, bremst er doch stark bei sonstigen Gelegenheiten persönlich-medialer Vermarktung. Einmal im Jahr eine Bergtour, einige Male Charity-Events, seltene Abende après prèmiere – das ist es schon. Selbst dann, wenn seine Familie, insbesondere seine Gattin – wie 1994 – stärker als gewohnt im Wahlkampf eine Rolle spielt, geschieht dies eher gegen seinen Willen als im Rahmen einer Strategie – und zwar nicht erst nach Aufkommen entsprechender Turbulenzen. Wenn Christine Vranitzky damals bewußt hätte „hillarysiert" werden sollen – wogegen eigentlich ihre selbstbewußte Persönlichkeitsstruktur spricht –, dann war das ein Eigentor. Und zwar nicht (nur) wegen der Brisanz ihrer Erklärungen, sondern weil ihr Gatte so gar nicht damit einverstanden war.

Dabei ist Franz Vranitzky ein Familienmensch, fügen sich seine Sprößlinge glaubhaft in das bei Politikern besonders seltene Bild eines harmonischen Zusammenlebens ein – doch ein Foto davon zustande zu bringen, fällt fast so schwer, wie den Kanzler zu einem „zugespitzten" Sager zu bewegen. Diese spürbare, professionell oft bedauerliche, insgesamt aber verständliche Abneigung gegenüber dem Preisgeben von allzu Persönlichem, gemixt mit einem sozialdemokratischen Puritanismus, erklärt auch Vranitzkys Verärgerung über ein Titelblatt des Nachrichtenmagazins „profil" (der Kanzler war zu einer Story mit dem Titel „Des Kanzlers neue Kleider" per Fotomontage nackt dargestellt worden) mehr als der mindestens ebenso fragwürdige Analysegehalt des dazugehörigen Artikels.

Überhaupt ist Vranitzky sonst ein meist medienkonformer, nicht aber ein medienumarmender Politiker. Insbesondere im Fernsehen wirkt seine Person sympathisch, sein Wesen gewinnend, kommt seine oft diagnostizierte „Feschheit" gut „rüber". In offiziellen Interviews oder bei Reden dominierten aber lange Zeit umständlich gedrechselte Sätze, vorsichtig abwägende Anmerkungen, hinter denen wohlmeinende Beobachter Nachdenklichkeit vermuteten, die – je länger er regierte, desto häufiger auftretenden – weniger wohlmeinenden Tiefenschwäche. Zu den häufig wiedergekauten Klischees dieser Kategorie zählen sein angeblicher, von ihm stets dementierter Satz vom Arzt, der Menschen mit Visionen angeraten sei, der Stehsatz vom bloßen, freilich erfolgreichen „Moderator" der Politik (als sei das die schlechteste Rolle, die ein Politiker heute spielen könnte) und der grantige Satz Bruno Kreiskys, er sei eine „Sphinx ohne Geheimnisse" (zu den menschlich interessantesten Beobachtungen meiner journalistischen Tätigkeit zählen die erfolgreichen Annäherungsversuche der beiden österreichischen Langzeitkanzler in Kreiskys letzten Lebensjahren).

Erst in letzter Zeit, vor allem nach der wider alle Unkenrufe gewonnenen Wahl 1995, wirkt er im Umgang mit Journalisten ebenso lockerer wie mit „Massen". Verständlich: Franz Vranitzky wurde seit dem 9. Oktober 1994 gern totgeschrieben, mit ähnlicher Glaubwürdigkeit, wie er davor bisweilen in den Himmel gehoben wurde. Sogar eine relative Stütze war ihm in jenem Wahlkampf 1995 abhanden gekommen, die größte Zeitung der Welt, die „Krone". Relativ in doppelter Hinsicht. Sie stützte lange Zeit den SPÖ-Chef, aber nicht die SPÖ, ganz im Gegenteil. Fast alle nur irgendwie profilierten und halbwegs selbstbewußten Sozialdemokraten zählen zum bevorzugten Feindrepertoire der – ultrarechten – Kolumnisten Richard „Staberl" Nimmerrichter und Wolf „Martin" Martinek.

Die „Krone" stützte Vranitzky primär in „menschlicher" Hinsicht, in Adabei-Spalten oder bei „gesellschaftlichen" Anlässen. Wurde und wird Vranitzky gar zu „politisch", womöglich gar gegen sonstige Lieblinge von „Krone"-Chef Hans Dichand (Kurt Waldheim, Jörg Haider), wird auch er kritisiert, im besten Falle negiert. Kein Wunder, daß die – von beiden Seiten heftig dementierte – These aufgestellt wurde, die plötzliche Pro-EU-Wendung der „Krone" habe etwas mit möglichen Zusagen im Falle der Zulassung von österreichischem Privat-TV zu tun. Fast ein Wunder dagegen, daß die eindeutige Parteinahme Dichands für einen Kanzler Wolfgang Schüssel und damit für die Abwahl Vranitzkys ohne Folgen blieb: Die ÖVP scheiterte dennoch auch diesmal. Und die „Krone" schwenkte auch sofort wieder auf ihren bisherigen Kurs ein: braver Vranitzky (wie auch braver Häupl oder braver Klima), böser Einem, böser Scholten, böse Frauen, böse Jusos. Ganz im Gegensatz zu ihren Hauptkonkurrenten auf dem Boulevardmarkt, den extrem populistischen Blättern ihres ehemaligen Miteigentümers Kurt Falk, für die Politiker fast durchgängig und undifferenziert böse und/oder dumm sind. Und etwas im Gegensatz zu einem Teil von liberalen, konservativen, jedenfalls seriösen Journalisten (Hauptvertreter: sein früherer Biograph Hans Rauscher), die Vranitzky anfangs nahegestanden waren, dann – vorschnell – sein Ende herbeischrieben, um jetzt in etwas ratloser Distanz zu verharren.

Eine gewisse Ratlosigkeit prägt aber auch Vranitzkys Medienpolitik. Dem Kanzler kann und muß man in vielen Bereichen Kompetenz zuschreiben, aber wohl keine besondere medienpolitische. Diese Eigenschaft teilt er mit (fast) allen österreichischen Politikern, speziell mit sozialdemokratischen. 1988 hatte Vranitzky neben anderen Problemen auch jenes mit einem langjährigen Sorgenkind der SPÖ geerbt, ihrer Partei-Tageszeitung AZ (vormals: Arbeiter-Zeitung). Unbelasteter von Traditionsvorstellungen, „belasteter" dafür vom Wissen um die Finanzkrise der Partei und die Notwendigkeit von Managementprofessionalität, wagte er die Privatisierung des Blattes – historisch zu spät, aktuell wohl auch mit zuwenig begleitender Geburtshilfe. Freilich auch ein (Mit-) Gefangener der ehemaligen (Mit-) Eigentümer der Arbeiter-Zeitung.

Vranitzky konnte auch später das weitergehende Zeitungssterben und die demokratiepolitisch skandalöse Konzentration auf dem Printmedienmarkt nicht verhindern – so wie auch die zukünftige Ordnung auf dem elektronischen Mediensektor nach wie vor ungewiß erscheint. Das ist ihm nicht persönlich und schon gar nicht allein vorzuwerfen. Es zeigt nur, daß auch er nicht die dramatische Machtverschiebung vom traditionell politischen zum medialen Sektor der Gesellschaft in voller Konsequenz erkannt hat – oder aber, daß er sich wie fast alle Berufskollegen (Ausnahme: Erhard Busek, er hat dafür auch bezahlen müssen) mit den unbefriedigenden Zuständen arrangiert hat.

Kein medialer Blender also, kein historischer Stratege – wie ist es dann zu erklären, daß Franz Vranitzky nunmehr seit zehn Jahren als Bundeskanzler an der Spitze des Landes steht und gute Chancen hat, den diesbezüglichen Rekord Bruno Kreiskys von 13 Jahren einzuholen oder zu überholen? Zwei Faktoren scheinen dafür maßgeblich, die aus Vranitzky in diesem Sinne doch eine historische Figur machen:

– Er hat als erster österreichischer Spitzenpolitiker die Vergangenheit unseres Landes im „Dritten Reich" durch klare Aussagen auch in harten innenpolitischen Auseinandersetzungen „bewältigt". Er hat damit auch wesentlich zur Internationalisierung Österreichs beigetragen, hat es ein gutes Stück von seinem selbstgerechten Provinzialismus in Richtung westeuropäischen Grundkonsens bewegt.

– Und er versucht – weniger eindeutig, weniger abgeschlossen, aber offenbar recht glaubwürdig –, der Sozialdemokratie jenen Modernisierungsschub zu verpassen, ohne den ihre hundertjährige Geschichte im Sinne Ralf Dahrendorfs tatsächlich demnächst abgeschlossen wäre.

Franz Vranitzkys Regierungsjahre sind eng mit zwei Politikern verbunden, die auf höchst unterschiedliche Weise Österreichs historische Problematik personifizieren: Kurt Waldheim wurde zum Symbol verdrängter Mitwisserschaft und geschönter Biographie, Jörg Haider zum Symbol eines aggressiven Rechtspopulismus, einer modernen Mixtur aus demokratieabträglichen Ressentiments, geschichtlich eindeutigen Zweideutigkeiten und perfekter Verwertung von Systemfehlern.

Vranitzky wurde fast über Nacht Kanzler, nachdem Fred Sinowatz aus der Wahl Kurt Waldheims zum Bundespräsidenten seine honorigen Konsequenzen gezogen hatte. Dem neuen Kanzler gelang, speziell nachdem die US-Regierung Waldheim auf ihre Watch list gesetzt und ihn damit auch außenpolitisch bewegungsunfähig gemacht hatte, eine Symbiose aus Kanzler- und Präsidentschaft. Franz Vranitzky zeigte sich speziell im „Bedenkjahr“ 1988, dem fünfzigsten nach der von vielen Österreichern wollüstig erduldeten Annexion des Landes durch Nazi-Deutschland – nach außen wie innen als souveräner Repräsentant Österreichs, dem seine historisch-moralischen Identitätsprobleme durch die individuellen seines formellen Staatsoberhauptes in Erinnerung gerufen worden waren. Er punktete bald – nicht nur parteiintern – mit jener Souveränität, mit der er den von der internationalen Bühne abgemeldeten Kurt Waldheim auch als Staatsoberhaupt vertrat.

Und er punktete zusätzlich mit jener Klarheit, mit der er bald nach Amtsantritt die Kleine Koalition mit der FPÖ beendet und eine neue Große mit der ÖVP geschlossen hatte. Nach dem FP-Umsturz von Norbert Steger zu Jörg Haider kündigte Franz Vranitzky, von seinem Wesen wie seinem Werdegang her ohnehin ein „Großkoalitionär“, das Regierungsbündnis mit ihr, verkürzte somit die Legislaturperiode um ein halbes Jahr. Haider bestätigte alle Befürchtungen im Wahlkampf: Er führte seine abschließende Kundgebung im Hitler-Geburtsort Braunau durch, deklarierte sein „Desinteresse“ an jeglicher Reflexion der NS-Ära, verwies stolz auf seine finanzielle Unabhängigkeit als Großgrundbesitzer, obwohl das Areal im Kärntner Bärental, das ihm durch eine Schenkung zufiel, im Krieg arisiert worden war. Dennoch zeigten sich schon damals erste Zeichen eines neuen Herausforderers an der Wand: Jörg Haider hatte bei der Nationalratswahl 1986 erstmals in der FP-Geschichte mit „sozialen“ Parolen in SP-Kernwählerschichten vorzustoßen versucht; diese, später forcierte, Taktik kostete die SP bis heute soziologisch das Fastmonopol auf „Arbeiter"-Stimmen. So wie Jörg Haider bis heute als Antithese zu Franz Vranitzky fungiert, beide sich – auch – durch ihre Gegnerschaft als Widerpart definieren.

Nachdem im Zuge der Waldheim-Debatte ab 1986 der Mythos vom ausschließlichen Naziopfer Österreich gründlich zersaust worden war, wurde er vom offiziellen Österreich erst durch Erklärungen von Franz Vranitzky zu Grabe getragen: Österreich müsse sich auch zur anderen Seite seiner Geschichte bekennen, „zur Mitverantwortung für das Leid, das zwar nicht Österreich als Staat, wohl aber Bürger dieses Landes über andere Menschen und Völker gebracht haben" (Erklärung vor dem Nationalrat am 8. 7. 1991). Noch deutlicher die Rede des Bundeskanzlers am 9. 6. 1993 in Israel, in der er sich zur moralischen Mitverantwortung Österreichs an den Naziverbrechen bekannte („Wir bekennen uns zu allen Daten unserer Geschichte und zu den Taten aller Teile unseres Volkes, zu den guten wie zu den bösen; und so wie wir die guten für uns in Anspruch nehmen, haben wir uns für die bösen zu entschuldigen.") und auch die angesprochenen Opfer präzisierte: „Juden, Zigeuner, körperlich und geistig Behinderte, Homosexuelle, Angehörige von Minderheiten, politisch und religiös Verfolgte".

Bis heute scheint Franz Vranitzky die Rolle einer Mixtur aus Bundeskanzler und Bundespräsident besser auf den Leib geschneidert als jene eines traditionellen „Führers" einer Partei, welcher der geschichtliche Wind ins Gesicht bläst. Die SPÖ ist nämlich von den gravierenden Umbrüchen der vergangenen zehn Jahre besonders betroffen: Die „altsozialistische" Strategie eines antikapitalistischen „Frontalangriffes" mittels bloßer Verstaatlichung aller Produktionseinheiten und staatlicher Wirtschaftslenkung ist in allen hochindustrialisierten Ländern gescheitert. An den verstärkten wechselseitigen politischen und ökonomischen Abhängigkeiten, natürlich auch an den eigenen, systembedingten Fehlern. Die soziologischen Veränderungen haben die Arbeiterpartei SPÖ längst zur „linken Volkspartei" gemacht. Ihr Organisationsaufbau gleicht aber noch der Partei der Ersten Republik, obwohl Sinn und Inhalt dieses „geschlossenen Lagers" längst verlorengegangen sind. Symptomatisch dafür waren die bereits in den achtziger Jahren erfolgten Herausnahmen des „Arbeiter"-Begriffes im Titel der Arbeiter-Zeitung (sie mutierte bereits Jahre vor dem Verkauf zur bloßen AZ), im Namen des ARBÖ (heute: „Automobil- und Radfahrerbund") und des ASKÖ (heute: „Arbeitsgemeinschaft für Sport und Körperkultur"), aber auch die längst „normalisierte" Entwicklung anderer Einrichtungen der Arbeiterbewegung, wie die der BAWAG (an der heute eine Bank unter bayrisch-konservativem Einfluß beteiligt ist) oder des Konsum (der den Ausgleich anmelden mußte). Auch die Mitgliederpartei

SPÖ hat Federn lassen müssen, nämlich etwa ein Fünftel der ursprünglich mehr als 700.000 Beitragszahler in den vergangenen 15 Jahren. Führende Kader waren längst Teil jener „politischen Klasse" geworden, die in allen Industriestaaten durch die enge Verfilzung mit ökonomischer und staatsbürokratischer Macht Stoff für berechtigte und/oder populistisch geschürte Empörung gegen „die da oben" liefert. Dennoch bleibt sie mit knapp einer halben Million Mitgliedern in einem 8-Millionen-Land zumindest quantitativ die stärkste sozialdemokratische Partei der Welt. Und dennoch beweisen manche ihrer Traditionen, wie etwa der jährliche Aufmarsch zum 1. Mai, erstaunliche Überlebensfähigkeit.

Franz Vranitzky, der im Mai 1988 mit mehr als 90 Prozent der Stimmen als Nachfolger von Sinowatz zum SP-Parteivorsitzenden gewählt wurde (die Funktionstrennung zwischen Parteivorsitzendem und Bundeskanzler existierte also nicht einmal zwei Jahre), hörte sich solche und ähnliche Thesen über die „Staatspartei SPÖ", den „großen, unbeweglichen Tanker", der „die Rolle eines treuen Knecht Ruprecht als Verkaufsagentur der Regierung spielt, statt autonomes Subjekt politischer Willensbildung zu sein", stets gerne an, stimmte ihnen teilweise auch zu (jenen über eine nötige Modernisierung von Parteithemen und -aufbau mehr, jenen von einer nötigen „Entstaatlichung" der SPÖ auch im Sinne einer stärkeren Trennung zwischen verwaltender Regierung und gestaltender Partei weniger). Gerade weil er nicht aus dem Parteiapparat kam, auch, weil er – bis heute eine seiner positivsten, für Politiker höchst seltenen Eigenschaften – zuhören will und kann.

Die – meist aus früheren Perioden geerbten – Probleme rissen freilich auch unter ihm nicht ab: Von den beiden Megaskandalen der achtziger Jahre – „Lucona" und „Noricum" – konnte sich Franz Vranitzky politisch mit Recht absentieren, betrafen sie doch nicht ausschließlich seine Partei und überhaupt nicht seine „Ära". Im Gegenteil: Er konnte darauf verweisen, daß er die zwei darin hauptsächlich verwickelten, so unterschiedlichen Männer – den stets schulterklopfenden und augenzwinkernden „Charly" Blecha, einen einstigen „Linken" mit schneller Auffassungs- und Anpassungsgabe, und den „rechten" Pragmatiker Leopold Gratz, früher den Freuden des Lebens zugeneigt – rasch von der politischen Bühne abberufen hatte. Und daß er – selbst um den Preis entstehender Feindschaft – seinen einstigen Chef Hannes Androsch auf Distanz hielt. So sehr, daß ihm Androsch schließlich in einem Interview mit mir die angeblich früher bestehende Freundschaft aufkündigte: Die habe gar nie bestanden, er habe Vranitzky nur auf Empfehlung von Heinz Kienzl 1970 aus der Nationalbank in sein Sekretariat geholt, sich dann aber bald von ihm getrennt, als sein „wahrer Charakter" offenbar wurde.

In Vranitzkys Bilanz schlagen auch tiefgreifende strukturelle und ideologische Reformen seiner Partei zu Buche: Die nunmehrigen Sozialdemokraten änderten ihren Namen und ihr Parteisymbol, läuteten mehrere Parteireformen ein und eine noch nicht abgeschlossene Diskussionsperiode hin zu einem neuen Parteiprogramm. Daß es dabei zu keinen gröberen parteiinternen Differenzen kam, hängt auch mit einer Eigenschaft Vranitzkys zusammen, die gepflegten Klischees widerspricht: Der einstige Banker ist eben kein milieuferner Quereinsteiger, ist zum Unterschied von allen früheren SPÖ-Vorsitzenden, von Victor Adler bis Bruno Kreisky, der erste von wirklich proletarischer Herkunft: Sein Vater war kommunistischer Antifaschist, er selbst hatte in jungen Jahren als Sekretär von Hannes Androsch im Finanzministerium und vor der Kanzlerschaft als Finanzminister Erfahrungen gesammelt. Auch deshalb konnte er wie Bruno Kreisky vor ihm die „Öffnung der Partei" erfolgreich predigen, die ideologisch längst vollzogen ist: Die 108jährige, einst stramm „austromarxistische" SPÖ ist heute nach internationalem Maßstab eine linksliberale Volkspartei, die in den letzten Jahren auch den Glauben an die zentrale Steuerkraft der geschwächten verstaatlichten Industrie verloren hat.

Nun sind solche Umbrüche keineswegs auf die SPÖ, keineswegs auf Österreich beschränkt. In dem Maße, in dem praktisch alle großen Parteien, ob rechts, ob links, von Weltanschauungs- zu Volksparteien wurden, verlieren sie den geistigen Rahmen, der unterschiedliche, natürlich auch persönliche Interessen zusammenhalten kann. Dann driften diese bisweilen kräftig auseinander und müssen von anderen Faktoren, etwa starken Führungspersönlichkeiten oder furchterregenden Feindfiguren, zusammengehalten werden. Oder eben von dem, was heute in allen modernen Industriegesellschaften an die Stelle ganzheitlicher Ideologien getreten ist: von Werten, Symbolen, Lebensstilen, denen dann Parteien – in viel lockerer Form als früher Parteiprogrammen – verpflichtet sind. Und die von Personen repräsentiert werden, die dieses Gemisch dann dem Medienzeitalter entsprechend auch „verkaufen" können.

Die europäische Sozialdemokratie hat dies schon vielfach geschafft, lange Zeit in Gestalt eines González, früher eines Mitterrand, bald schon eines Tony Blair. Gerade auch Franz Vranitzky hat viele dieser Eigenschaften. In einer bestimmten Ähnlichkeit, wenn auch nicht Vergleichbarkeit, zu Bill Clinton übrigens: Er kommt ebenfalls sozial von „unten", hat einen pragmatischen bis technokratischen Zugang zu politischen Problemen, verkörpert aber glaubwürdig bestimmte Werte. Was dem US-Präsidenten sein Engagement für die sexuelle, soziale und rassische Emanzipation, ist dem österreichischen Kanzler sein

Eintreten für Liberalität, Modernität, Antifaschismus. Franz Vranitzky scheint noch immer der bestmögliche SP-Chef für die neunziger Jahre, so wie es Bruno Kreisky für die siebziger Jahre war. Und – darin liegt auch eine Erklärung für langjährige Probleme der SPÖ – niemand vergleichbarer in der schwierigen Umbruchphase dazwischen. Die Partei spürte lange das Desaster der Jahre zwischen 1982 und 1987, zwischen dem kranken Kreisky und dem noch politikfrischen Vranitzky.

Das ist nicht einmal hauptsächlich persönlich gemeint, das hätte Fred Sinowatz nicht verdient. Natürlich haben die Schwierigkeiten der SPÖ tiefere Ursachen, so wie auch die der ÖVP: Moderne Gesellschaften entwickeln immer neue Differenzierungen, die nicht bloß alten sozialen Trennungen nach arm und reich, schon gar nicht nach Arbeiter und Unternehmer folgen. Und die SPÖ als ursprünglich lebendigste Mitgliederpartei „zerreißt" es am meisten, noch dazu wo eine frühere soziale Basis der Partei, die verstaatlichte Industrie, gerade wieder in eine tiefe Krise gerät. Was haben etwa der stabilitätsfixierte bis wachstumsorientierte Gewerkschaftsfunktionär und die ökosozial aktive Studentin gemeinsam, außer vielleicht das gleiche Parteibuch?

Bis zu der Wahl 1994 klappte es dennoch relativ: Franz Vranitzky galt trotz kontinuierlicher Niederlagen der SPÖ als „Teflon"-Kanzler, an seinem persönlichen Image schienen alle Anwürfe und Probleme abzugleiten. Unter Franz Vranitzky schien die SPÖ lange Zeit die langen Schatten der Ära Kreisky zu verkraften und die kurzen der Episode Sinowatz. Vranitzky wurde in überraschend kurzer Zeit zur Integrationsfigur, hielt der SPÖ 1986, auf dem Höhepunkt der Verstaatlichten-Krise, die Mehrheit, bewahrte diese 1990 in der „Skandalrepublik". Und holte nach der schweren Wahlniederlage von 1994 im Jahr darauf zu einem ebenso überraschend erfolgreichen Konterschlag aus. Gegen Konservativismus und Rechtspopulismus scheinbar chancenlos, mit dem Rücken zur Wand, gewann er – wieder eine Parallele zu Clinton – gerade in dieser Situation im Wahlkampf an sozialem Profil und damit die Wahl.

Auch wenn Clintons Stern wider derzeitige Erwartungen bei den heurigen Wahlen untergehen sollte: möglich, daß auch in Österreich die Periode sozialdemokratischen Durchtauchens bald für erfolgreich beendet erklärt werden kann – dafür würden auch der Aufschwung der Labour Party unter Tony Blair, die Regeneration der französischen SP mit Lionel Jospin und der Sieg der italienischen Mitte-Links-Allianz sprechen. Nach dem Ende der neokonservativen Offensive der achtziger Jahre, von Reaganomics und Thatcherismus, kann die internationale Sozialdemokratie neue Hoffnungen aus internationalen Trends, aus den eher staatsinterventionistisch klingenden Clintonomics und aus dem europäischen Zug schöpfen, der in allen Ländern den Ruf nach erfahrenen Führern verstärkt. Und die Furcht vor einem weiteren Ausbreiten eines zunehmend mit rechtspopulistischen Attitüden auftretenden Nationalismus. In einer solchen Situation scheint gerade die europäische Sozialdemokratie – versagt sie sich solchen Ausrutschern, wie sie sich eben die deutsche angesichts des übermächtigen Europa-Kanzlers Helmut Kohl geleistet hat – prädestiniert für die Rolle als „Europa-Partei". Und Franz Vranitzky, dem auch innenpolitische Widersacher die „Europäisierung" der SPÖ als Verdienst anrechnen müssen, auf absehbare Zeit weiter als ihr Chef.

Möglich aber auch, daß auch in dieser Hinsicht nur der spezifische österreichische Verzögerungseffekt wirksam geworden ist, daß nach einer Phase des Beruhigens, Integrierens, Moderierens wieder stärkere ideologische Konturen traditionellen Zuschnitts gefragt sind. Eine Terminfrage in mehrfacher Hinsicht: Demnächst regiert Franz Vranitzky zehn Jahre lang das Land, demnächst acht Jahre die SPÖ. Eine lange Zeit in einem oft nervenaufreibenden, meist unbedankten, immer rascher abnützenden Job. Und wieder ein Aber: Vielleicht wird das nach wie vor stärkste Atout gegen die „Dritte Republik" auch vielen jetzigen Kritikastern noch einmal abgehen.

8. November 1992

Nach der Schändung des Jüdischen Friedhofs von Eisenstadt

„Liebe Freunde, ich verstehe Ihre spontane Bereitschaft hierherzukommen so, daß es vielleicht gelingen mag, unser gemeinsames Zuhause zu stören, es aber nicht gelingt, es zu zerstören. Ich verstehe diese Zusammenkunft aber noch als ein weiteres Signal: daß uns, die wir hier sind, und vielen, vielen anderen daran gelegen ist, das Gemeinsame zu stärken, das Verbindende über das Trennende zu stellen und Haß und Gewalt nicht zu akzeptieren. In Österreich ist für die Verachtung menschlicher Würde, wie sie sich hier dokumentiert hat, kein Platz. Dieses heutige Österreich bemüht sich, ein gutes Zuhause für alle, die darin leben, zu sein und das Gehör für Anstand und Vernunft und die Augen für groteske Unmenschlichkeiten als Wahrnehmungsorgane der Menschlichkeit nicht zu verlieren.“

Hugo Portisch

Publizist

Das Erbe und die Ziele

Zu den vielen Fähigkeiten, die Bruno Kreisky besaß, gehörte auch die Fähigkeit, Kompliziertes einfach darstellen zu können, Schwieriges als leicht lösbar erscheinen zu lassen. Er tat sich dann manchmal schwer, es zu lösen. Manches blieb auch in seiner Ära ungelöst. Spricht man von der Zeit nach Kreisky, so sollte dies nicht übersehen werden. Ebensowenig wie seine großen Verdienste um dieses Land – die Demokratisierung weiter Lebensbereiche, die Modernisierung durch eine Reihe weitgehender Reformen, die Internationalisierung durch weit über die Größenordnung Österreichs hinausreichende Mitgestaltung europäischer und nahöstlicher Politik.

Kreisky hinterließ also ein doppeltes Erbe: einerseits Schuhe, die jedem Nachfolger zunächst zu groß sein mußten, und andererseits Probleme, die schon Kreisky nicht lösen hatte können und die zum Teil sogar auf seine Politik zurückgehen. Verstaatlichte Betriebe: in der Aufbauzeit das Rückgrat der österreichischen Wirtschaft, danach immer mehr eine „heilige Kuh". Wer an der Verstaatlichten rüttelte, bekam es mit den Betriebsräten, den Gewerkschaften, den Partei-Ideologen zu tun. Und mit den Pragmatikern, übrigens beider Großparteien, die im Rahmen des Proporzes die „Vorteile" der Verstaatlichten zu gebrauchen wußten. Nützlich war sie, weil man dort die eigene Klientel unterbringen konnte, weil man von dort Teile der Wirtschaft kontrollieren konnte und, vor allem, weil man über diesen verzweigten Komplex auch den Arbeitsmarkt beeinflussen konnte. Arbeitsbeschaffung mit Hilfe von Steuermilliarden. Und das zu einer Zeit, da Friedrich von Hayek mit dem Nobelpreis ausgezeichnet wurde, für seine wirtschaftstheoretische Erkenntnis, daß der Keynesianismus nicht unbegrenzt anwendbar ist, daß die Interventionen des Staates in der Wirtschaft an ihre Grenzen stoßen. Die Hayeksche Gegenformel: Wer versucht, mit Steuern Arbeitsplätze zu sichern, wird eines Tages mehr Arbeitslose und auch noch große Schulden haben.

Diese Art der Umverteilung war aber auch ein Instrument zur politischen Machtabsicherung: Gratisstudium für alle, Gratisschulbücher, Gratisschulfahrten, Heiratsbeihilfen, Frühpensionen, immer mehr und immer größere soziale Aufwendungen und ein fast unlimitierter Zuwachs von Beamten im öffentlichen Dienst, bei Gemeinde, Land und Bund. Man hätte auch anders umverteilen können: alles gratis für die Bedürftigen, die Wohlhabenderen für sich und ihre Kinder zahlen lassen, sie und die Wirtschaft aber dafür mit Steuern und Abgaben schonen.

Eng damit verbunden ist das, was wir Sozialpartnerschaft nennen. Dieser Sozialpartnerschaft ist viel zu verdanken. Sie hat wesentlich dazu beigetragen, daß dieses Land den Wiederaufbau so rasch und so gut bewältigen konnte. Die Sozialpartnerschaft, das ist ein guter Teil des österreichischen Wirtschaftswunders. Aber was oft übersehen wird: Der ursprüngliche Sinn der Sozialpartnerschaft war es, den Menschen Opfer abzuverlangen und dabei sicherzustellen, daß sie sich ob dieser Opfer nicht gegen den Staat, nicht gegen die Wirtschaft stellen. Jeder der Sozialpartner machte seinen Leuten klar, daß sie zunächst einmal in den sauren Apfel zu beißen hätten, um einer gedeihlichen Gesamtentwicklung zu dienen. So war das mit jedem einzelnen Lohn-Preis-Abkommen in den vierziger und fünfziger Jahren. Aber in den sechziger und siebziger Jahren beginnt sich das zu wandeln. Ab dann erntet man die Früchte des wirtschaftlichen Aufschwungs. Beherrschend ist das Tauschgeschäft: Gibst du mir, so geb' ich dir, schützt du mich, so schütz' ich dich. Die Durchsetzung partikularer Interessen auf dem Boden der Sozialpartnerschaft verursachte solcherart doppelte Kosten, zu Lasten der Konsumenten und Steuerzahler, zu Lasten auch der gesamten Wirtschaft, die nicht selten dadurch ihre Konkurrenzfähigkeit einbüßte. Spätestens seit unserem Eintritt in die Europäische Union sind wir mit einigen der schlimmen Folgen dieser Politik konfrontiert, denn es war die Politik der gegenseitigen Schonung, die über Jahrzehnte hinweg notwendige Strukturveränderungen verhindert hat.

Die Nachfolger aber erbten ein weiteres, nicht gleich sichtbares, daher längere Zeit nicht richtig erkanntes Problem. Nicht erst seit Kreisky, aber auch unter ihm geschah fast nichts, um die Rolle der Österreicher in der Zeit des Nationalsozialismus aufzuarbeiten und daraus auch Konsequenzen zu ziehen. Kreisky, selbst jüdischer Herkunft, war fast so etwas wie ein Schutzschild, hinter dem es nicht notwendig erschien, sich dieser Frage überhaupt noch zu stellen. Kreiskys Nahostpolitik verstärkte diesen Eindruck noch: Er forderte die Aussöhnung Israels mit den Palästinensern, er stellte gute Beziehungen zu Arafat und der PLO her. So richtig die Ziele dieser Politik waren – und das bestätigte der weitere Verlauf der Geschichte –, so geriet sie doch in Konfrontation mit Israel und mit den Freunden Israels in den USA.

Zunächst zum Nutzen Österreichs und dessen internationalem Ansehen gelingt es Kreisky auch, einen österreichischen Kandidaten als Generalsekretär der UNO durchzusetzen: Kurt Waldheim. Waldheim wieder führt die UNO zehn Jahre lang nach deren inneren Gesetzen: Es geschieht, was die Großmächte durchzusetzen oder zu blockieren vermögen, und wo sie dies nicht können, geschieht, was eine Mehrheit von Staaten beschließt. Die Mehrheit aber stellt in der Regel der Block der Blockfreien gemeinsam mit dem Ostblock und den arabischen Staaten.

Für die zahlreichen Niederlagen, die Israel zufolge dieser Mehrheit erleidet, wird nicht selten der Generalsekretär Waldheim für verantwortlich gehalten, dem man auch vorwirft, in Nahostfragen ein verlängerter Arm Kreiskys zu sein. Gegen Kreisky selbst kann man schwer an: Immer wieder nimmt er auch die Interessen Israels wahr, fordert von den Arabern die Anerkennung der Existenz Israels, holt israelische Kriegsgefangene ohne großes Aufsehen aus Gefangenschaft, ermöglicht weiterhin die Auswanderung sowjetischer Juden via Österreich. Aber er schließt auch das Durchgangslager für sowjetische Juden in Schönau, dem Anschein nach aufgrund einer Erpressung (Geiselnahme bei Marchegg). Daß er fast gleichzeitig ein neues Transitlager eröffnet, geht in der ersten israelisch-amerikanischen Empörung zunächst unter. Und auch Kreiskys Konflikt mit Simon Wiesenthal – entzündet an dessen Vorwürfen gegen Friedrich Peter zu einem Zeitpunkt, da dieser Kreiskys Koalitionspartner hätte werden können – wird von manchen als antijüdisch und NS-apologetisch empfunden.

Das alles spielt sich an der Oberfläche ab. Darunter aber liegt ein Berg von Versäumnissen, von Opportunismus, von Selbsttäuschung. Die Siegermächte des Zweiten Weltkriegs hatten Österreich das Zeugnis ausgestellt, das erste Opfer Hitlers gewesen zu sein. Und in der Tat wurde Österreich im März 1938 als Staat gewaltsam ausgelöscht. Das ermöglichte es den Regierungen der Zweiten Republik, Österreich von jeglicher Mitschuld und Mitverantwortung an den NS-Verbrechen freizusprechen. Solcherart hätte Österreich für die Entrechtung, die Entwürdigung, die Vertreibung und die Ermordung der jüdischen Österreicher keine Verantwortung zu tragen. Und so verhalten sich die ersten Nachkriegsregierungen auch: Die Überlebenden und Vertriebenen werden weder aufgerufen, geschweige denn eingeladen, in ihre Heimat zurückzukehren, noch ist irgendeine Entschädigung für sie vorgesehen, außer die Rückgabe ihres Eigentums; doch auch da haben sie lückenlos nachzuweisen, daß dieses gewaltsam geraubt und nicht vielleicht „nur" erpreßt worden ist, hat doch der Erpreßte letztlich der Abtretung zugestimmt. Unter internationalem und alliiertem Druck werden Entschädigungsgesetze beschlossen.

Wer sich geschädigt fühlte, hatte aber den Rechtsweg zu beschreiten. Dieser wurde bürokratisch abgehandelt, war unmenschlich und zog sich über Jahre hin. All dies wirkte zusammen, um in der Welt einen gewaltigen Stau gegenüber Österreich entstehen zu lassen, die letzte Staumauer war Kreisky – nach innen wie nach außen.

Am „Fall Waldheim" entlud sich der Stau. Doch der Fall Waldheim war heilsam. Ohne ihn wäre vieles noch lange so geblieben, wie es war – ohne Einsicht, ohne Aufarbeitung, ohne Konsequenzen.

So weit die Vorgeschichte zu jenem Teil österreichischer Geschichte, die Franz Vranitzky als Bundeskanzler mitzuverantworten hatte und hat. Vranitzky wird 1986 in direkter Folge der Waldheim-Affaire und der von der SPÖ verlorenen Präsidentschaftswahl Nachfolger Fred Sinowatz'. Was Sinowatz aus der Kreisky-Ära geerbt hat, erbt nun weitgehend Vranitzky, das Gute und das nicht so Gute. Darunter die noch immer nicht gelösten Probleme – eine immer kränker und damit teurer werdende verstaatlichte Industrie, immer schwerer zu finanzierende Sozialaufgaben, eine sich weiter ausdehnende Bürokratie und damit immer rascher wachsende Budgetdefizite, während die Sozialpartner weiterhin Jahr für Jahr Reallohnzuwächse aushandeln und alle bisherigen Sozialleistungen als wohlerworbene Rechte angesehen werden, an denen nicht gerüttelt werden dürfe. Abstriche bei schlechter Wirtschaftslage sind unzumutbar, ja nicht einmal denkbar.

Und Vranitzky erbt natürlich auch die gesamte Belastung, die der Fall Waldheim mit sich gebracht hat, und muß nun dazusehen, daß daraus nicht noch mehr ein Fall Österreich wird. Und das wird bald eine seiner Hauptaufgaben. Ein schwieriger Balanceakt: Innenpolitisch hat Vranitzky den gewählten Bundespräsidenten zu respektieren und muß auch dafür sorgen, daß der Fall Waldheim die Österreicher selbst nicht entzweit. Außenpolitisch hat Vranitzky das Ansehen Österreichs zu verteidigen und muß versuchen, es dort wiederherzustellen, wo es zu Schaden gekommen ist. Der Bundespräsident, von den USA ungerecht, aber doch auf die Watch list gesetzt, ist dazu nicht in der Lage.

Als erster Bundeskanzler dieser Republik erkennt Vranitzky, daß dieses Ansehen Österreichs und seine Rolle in der internationalen Staatengemeinschaft nur dann auf Dauer gesichert werden können, wenn Österreich endlich einsieht, daß es nicht nur Opfer der Hitleraggression war, sondern nicht wenige Österreicher zu der Annexion des Landes beigetragen und an den Verbrechen des Hitler-Regimes mitgewirkt haben. Die spitzfindige Erklärung, Österreich könne für nichts verantwortlich gehalten werden, denn es habe ja nicht existiert, war so nie haltbar und würde es in Zukunft erst recht nicht sein. So ist es Vranitzky, der als erster Kanzler den Mut findet, die längst überfällige Erklärung abzugeben, daß sich Österreich und die Österreicher zur Mitverantwortung an allem bekennen, was da zwischen 1938 und 1945 in Österreich und unter Mitwirkung von Österreichern auch in Europa an Verbrechen begangen worden ist.

Man hätte sich gewünscht, daß dieses Bekenntnis bereits Teil der ersten Regierungserklärung der von Vranitzky neugegründeten Großen Koalition gewesen wäre – welch ein Auftakt für diese Regierung, die nach der Waldheim-Wahl und nach der Auflösung der Kleinen Koalition mit der FPÖ wieder zwei Drittel aller österreichischen Wähler vertrat. Schade, eine versäumte Gelegenheit und leider auch versäumte Zeit. Lag es am Koalitionspartner, lag es (auch) an der eigenen Partei, wer war da noch im alten Denkmuster befangen? Vranitzky hat die Erklärung dann doch abgegeben, am 8. Juli 1991, vor dem Nationalrat. In der Erklärung hieß es unter anderem: „Dennoch haben auch viele Österreicher den Anschluß begrüßt, haben das nationalsozialistische System gestützt, haben es auf vielen Ebenen der Hierarchie mitgetragen. Viele Österreicher waren an den Unterdrückungsmaßnahmen und Verfolgungen des Dritten Reichs beteiligt, zum Teil an prominenter Stelle. Über eine moralische Mitverantwortung für Taten unserer Bürger können wir uns auch heute nicht hinwegsetzen ... Wir bekennen uns zu allen Daten unserer Geschichte und zu den Taten aller Teile unseres Volkes, zu den guten wie zu den bösen; und so wie wir die guten in Anspruch nehmen, haben wir uns für die bösen zu entschuldigen – bei den Überlebenden und bei den Nachkommen der Toten. Dieses Bekenntnis haben österreichische Politiker immer wieder abgelegt, ich möchte das heute ausdrücklich auch im Namen der Bundesregierung tun; als Maßstab für das Verhältnis, das wir heute zu unserer Geschichte haben müssen, also als Maßstab für die politische Kultur in unserem Land; aber auch als unseren Beitrag zur neuen politischen Kultur in Europa." Und Vranitzky kündigte in diesem Zusammenhang an, daß die Bundesregierung „auch weiterhin alles in ihrer Macht Stehende unternehmen werde, um jenen zu helfen, die von den bisherigen Maßnahmen nicht oder nicht ausreichend erfaßt oder bisher in ihren moralischen oder materiellen Ansprüchen nicht berücksichtigt worden sind". Diese Zusage des Bundeskanzlers fand ihre Erfüllung in der Gründung eines Nationalfonds der Republik Österreich, aus dem nun an jene Entschädigung geleistet werden kann, die man bisher übersehen oder zurückgewiesen hat.

Wie säumig Österreich in den Fragen der Wiedergutmachung und Entschädigung gewesen ist, geht auch aus der Tatsache hervor, daß man von den NS-Behörden beschlagnahmte Kulturgüter jüdischer Bürger bis in die neunziger Jahre im Depot gehalten hat, weil sich die ehemaligen Eigentümer nicht gemeldet hatten, höchstwahrscheinlich deshalb, weil sie ermordet worden waren. Umso mehr wären sie jüdischen Institutionen zur Verwertung für die noch lebenden Opfer zuzuführen gewesen. Vranitzky gab die Weisung, auch dieses Problem einer Lösung zuzuführen.

Was die anderen Bürden betrifft, die Vranitzky aus früheren Zeiten geerbt hat, so hat er sie abzutragen versucht, kleinweise, nicht durch große oder gar radikale Reformen, aber es ist ihm solcherart doch einiges gelungen: Eine Umstrukturierung der verstaatlichten Industrie, unter Verfolgung eines moderaten Modernisierungskurses, führte, wenn auch unter Abschreibung großer Verluste, zur Konsolidierung dieses Bereichs. Gleichzeitig gab es auch eine Entlastung der Privatwirtschaft, des Gewerbes und der Selbständigen durch zwei Steuerreformen, für die sich auch Vranitzky eingesetzt und die er in der eigenen Partei durchgesetzt hat. Vranitzky baute damit einiges an Sozialistischem in seiner Partei ab und brachte sie folgerichtig dann auch dazu, ihren Namen von Sozialistischer in Sozialdemokratische Partei umzuwandeln.

Von der Politik der Umverteilung rückte die Partei allerdings nicht ab, und Vranitzky trug diese Politik, vielleicht trotz besseren Wissens, mit. So etwa, als auch er die Einführung eines zweiten Karenzjahres befürwortete, obwohl dieses kaum noch finanzierbar war, und als er bei den Neuwahlen im Herbst 1995 die Beibehaltung und Fortführung fast aller Sozialleistungen zusagte. Aber es ist halt schwer, gegen den mächtigen Geist Bruno Kreiskys anzukämpfen, der die Partei gelehrt hat, alles sei machbar. Auch hatte es Vranitzky in dieser Partei anfangs gar nicht leicht. Er hatte sich das Vertrauen der Genossen zum guten Teil erst zu erwerben. Er ist zwar ein Arbeiterkind, aber kein bereits in der Wolle SPÖ-gefärbtes. Und er kommt aus dem Bankwesen. Das gute Image, das ihm diese Herkunft außerhalb der SPÖ und im Ausland gab, war innerhalb der Partei zumindest teilweise und zeitweise eher eine Belastung. So war es für Vranitzky nicht immer leicht, die Partei auf seinem Weg mitzunehmen. Ja, man warf ihm vor, beschwerliche Wege nicht vorzuzeichnen oder sie nur zögernd zu beschreiten, weil es ihm zu mühsam, vielleicht auch unter seiner Würde erschien, die knochenharte Überzeugungsarbeit zu leisten. Doch immer, wenn es ums Ganze ging, hat er sie geleistet. Und zwar unter vollem Einsatz seiner Person und seines Prestiges.

So war es nicht leicht, die eigene Partei restlos davon zu überzeugen, daß Österreich den Beitritt zur Europäischen Union zu vollziehen habe. Als Vranitzky, offenbar um aufkommenden Widerstand von vornherein auszuschalten, erklärte, Österreich werde diesen Beitritt „ohne Wenn und Aber“ vornehmen, da wurde er nicht nur von der grünen und blauen Opposition angegriffen, sondern traf auch auf Abwehr innerhalb der eigenen Partei. Von da an wußte Vranitzky, daß er noch eine Menge Überzeugungsarbeit zu leisten haben werde. Das tat er dann auch, und dazu gehörte auch ein so kluger Schritt, wie er ihn durch die Bestellung von Brigitte Ederer zur sozialdemokratischen Unterhändlerin in Brüssel setzte, hatte doch gerade sie das Vertrauen jener Kreise innerhalb der SPÖ, die dem Beitritt mißtrauisch gegenüberstanden. Und als es dann um die Volksabstimmung ging, gab es für

Vranitzky tatsächlich kein Wenn und Aber, er kämpfte um das Ja zur EU zumindest mit dem gleichen, wenn nicht mit noch mehr Einsatz als bei Nationalratswahlen. Und – ohne die Verdienste anderer schmälern zu wollen – so war es eben auch diesem vollen Einsatz des Bundeskanzlers mitzuverdanken, daß die Abstimmung ein so eindeutiges Ergebnis brachte, eine Zweidrittelmehrheit für den Beitritt.

Die Stimmung, die zu dieser Mehrheit geführt hatte, kam einem Aufbruch gleich, der Beitritt zur EU hätte allen Bürgern als Zäsur dargestellt werden können, als Beginn eines neuen Denkens, einer neuen Einstellung, sowohl gegenüber den eigenen Problemen als auch gegenüber denen Europas und der Welt. Diese Chance ist leider versäumt worden, ging zum Teil im kleinlichen Personal- und Parteiengezänk unter. Und als man an die Erstellung des Staatshaushaltes für 1996 ging, wurde sogar ein konträrer Effekt ausgelöst: Die Notwendigkeit des Sparens, die erforderlichen Abstriche und Einschränkungen wurden von einigen Politikern und Medien damit begründet, daß Österreich den Vertrag von Maastricht zu erfüllen hätte, daß es solcherart die Kriterien zu erreichen habe, die ihm 1999 die Mitgliedschaft in der Europäischen Währungsunion ermöglichen würden. Die EU, die also nun die Zuchtrute über Österreich schwenkt. Und als die EU-Behörden gar noch etwa an der Brenner-Maut oder an der Anonymität der Sparbücher in Österreich Anstoß nahmen, da wurde Brüssel zum Feindbild. Erneut mußte Vranitzky Überzeugungsarbeit leisten, nämlich daß es auch ganz ohne die EU absolut notwendig gewesen wäre, das rasche Anwachsen der Staatsschulden einzubremsen. In Anbetracht der Verflachung der Weltkonjunktur, in Anbetracht der Öffnung der Grenzen gegenüber den Billiglohnländern in Osteuropa und in Anbetracht der rasant wachsenden Konkurrenz von seiten der asiatischen Staaten aber wird es auch notwendig sein, den Wirtschaftsstandort Österreich abzusichern, vor allem durch die Entlastung der Wirtschaft, und das heißt leider auch Einschränkung bei den sozialen Leistungen. Hier hat es demnächst eine entsprechende Aufklärungsoffensive zu geben, und da wird der Bundeskanzler wieder gefordert sein.

Österreich wird in der bevorstehenden Regierungskonferenz bei der EU seinen Beitrag zu leisten haben, schließlich sind wir nicht zuletzt der EU beigetreten, damit wir diese Union mitgestalten, mitreden und mitentscheiden können. Und doch ist Brüssel nach wie vor für viele ein Synonym für wuchernde Bürokratie, mit drohendem Zentralismus verbunden, mit einer Einbuße eigener Souveränität und Aufgabe nationaler Interessen. Tendenzen dieser Art ist entgegenzutreten. Sparpakete sind nicht das Resultat des Vertrages von Maastricht, sondern einer über Jahrzehnte hinweg betriebenen hausgemachten Schulden- und Verschwendungspolitik; auch ohne Maastricht wäre sie durch harte

Sparmaßnahmen zu korrigieren. Wenn es einmal Kritik von seiten der EU, vielleicht sogar gerichtliche Auseinandersetzungen mit den Brüsseler Behörden gibt, so ist dies als Selbstverständlichkeit aufzufassen, denn es ist selbstverständlich, daß ein größerer Verband von Staaten nur funktionieren kann, wenn er sich an festgesetzte Regeln hält, und selbstverständlich, daß jeder der Staaten immer wieder einmal mit diesen Regeln in Konflikt kommen wird. Das sollte gerade in einem Bundesstaat wie Österreich Verständnis finden; Differenzen, ja Streit der Länder mit dem Bund, sind auch bei uns keine Seltenheit. Dies alles darf uns nicht den Blick verstellen auf das große, weit übergeordnete Ziel einer Ausschaltung der Rivalitäten, die Europa – und mit ihm oft auch Österreich – über die letzten tausend Jahre hinweg von einem Krieg in den anderen geführt haben. Kriege, vor denen es letztlich für niemanden einen Schutz gab, auch die Neutralität schützte im letzten Weltkrieg weder Holland, Belgien und Luxemburg noch Norwegen. Und Österreich, die Tschechoslowakei, Polen, die baltischen Länder und der gesamte Balkan fielen der Annexion und Aggression zunächst Hitler-Deutschlands, sowie manche dieser Länder danach der Sowjetunion zum Opfer.

Die EU und ihre Weiterentwicklung sind vor diesem geschichtlichen Hintergrund zu sehen. Gelingt es nicht, eine umfassende Wirtschafts- und Währungsunion zustande zu bringen, ist auch die gemeinsame Außen- und Sicherheitspolitik kaum durchsetzbar. Ohne sie aber wird auch die dringend notwendige Strukturreform der EU nur Stückwerk bleiben. Diese Strukturreform soll einen neuen Entscheidungsmechanismus ermöglichen, es ist nicht denkbar, daß sich Wirtschaftspolitik, Währungspolitik, Außen- und Sicherheitspolitik von fünfzehn Staaten mit den jetzigen Lenkungsorganen der EU wirksam koordinieren lassen. Und das ginge schon gar nicht, wenn die EU um die ostmitteleuropäischen Staaten erweitert würde. Die Osterweiterung der EU ist also unmittelbar vom Erfolg aller anderen EU-Reformen abhängig.

Mehr als andere sollte Österreich für die Anliegen dieser Staaten Verständnis haben, sind sie doch nicht nur Nachbarstaaten, fast alle waren ganz oder teilweise Jahrhunderte hindurch mit uns im gleichen Staatswesen, in dem es schon damals eine gemeinsame Währung und keine Grenzen gab. So gilt es auch in unserer Haltung gegenüber unseren Nachbarstaaten Ängste und Vorurteile abzubauen. Sehen wir in Brüssel den bürokratischen Zuchtmeister, so scheinen wir in unseren Nachbarn oft nur noch den Konkurrenten, den Unterbieter zu sehen. Doch der Wegfall des Eisernen Vorhangs, die offene Grenze, der dadurch möglich gewordene wirtschaftliche Zugang ist auch als große Chance aufzufassen. Es gilt, sie zu nützen. Dazu sind aber noch bessere Beziehungen mit diesen Nachbarn herzustellen. Wir sollten ihre Fürsprecher in Brüssel und in der EU die Experten für diesen Raum sein.

Auf die hier skizzierten Anforderungen an die unmittelbare Zukunft Österreichs und Europas hat Vranitzky die richtigen Antworten gegeben. 1995 wurde der Bundeskanzler in Aachen mit dem internationalen Karlspreis ausgezeichnet, es ist der höchste und angesehenste Preis, den Europa für Verdienste um Europa zu vergeben hat. In der Rede, mit der Vranitzky diesen Preis entgegennahm, ging er Punkt für Punkt auf diese Zukunft und auf die Möglichkeiten Österreichs ein, diese Zukunft mitzugestalten. So stellte er in dieser Rede unter anderem fest: „Für Österreich ist die Europäische Union zuallererst eine Friedensunion, in der es undenkbar geworden ist, daß einzelne Mitgliedsstaaten gegeneinander Krieg führen, und in der es sich lohnt, an der Erhaltung des Friedens mitzuarbeiten ... Doch Frieden ist ein leerer Begriff, wenn wir ihn nur als Abwesenheit vom Krieg definieren. Ein modernes Europa, für das mein Land eintritt, darf Friedenspolitik nicht allein auf ihre militärische Komponente reduzieren, sondern muß Frieden vernetzt betrachten, in Verbindung mit einer aktiven Politik für eine gerechte Gesellschaft. Moderne Friedenspolitik muß nach den Ursachen für das Entstehen von bewaffneten Konflikten fragen, und das heißt für mich, Entwicklungspolitik als Friedenspolitik, Sozialpolitik als Friedenspolitik und Wirtschaftspolitik als Friedenspolitik zu betrachten." Und was die Einbeziehung der postkommunistischen Staaten betrifft, erklärte Vranitzky: „Der konkreteste Auftrag in diesem Zusammenhang ist die rasche Hereinnahme jener osteuropäischen Länder in die Europäische Union, die sich ebenfalls diesen Zielsetzungen verschrieben haben ... Wir befinden uns heute in einer Übergangsperiode, in der sich die vertrauten Landkarten rasch verändern. Nicht nur die Landkarten der Geographen, sondern vor allem die Topographien der Ideologien und der Weltbilder. Das Gefühl, Teil eines Übergangs mit noch unbekanntem Ziel zu sein, beherrscht zentrale gesellschaftliche Lebensbereiche und – vielleicht mehr als wir es vermuten – das Lebensgefühl jedes einzelnen. Dieser Tatsache müssen wir uns mehr denn je bewußt sein, wenn wir darangehen, die Europäische Union zu reformieren. Wir müssen Antwort auf die Fragen derer geben, die zu vertreten uns aufgetragen ist."

Spektakuläre Politik ist nicht Franz Vranitzkys Sache, er setzt seine Schritte überlegt, manchmal vielleicht zu bedächtig, aber den Weg zu einem einmal gesetzten Ziel verläßt er nicht. Und in Aachen hat er Ziele gesetzt.

9. Juni 1993

Hebräische Universität
von Jerusalem

„We have always felt, and still feel that the connotation of 'collective guilt' does not apply to Austria. But we do acknowledge collective responsibility, the responsibility of each and every one of us to remember and to seek justice."

Ari Rath

Publizist

Der Mann, der es wagte, an den Schatten der Vergangenheit zu rütteln

I. Der Name Franz Vranitzky wird in den Annalen seines Landes immer mit der historischen Tatsache verbunden bleiben, daß er der erste Bundeskanzler und österreichische Staatsmann war, der es wagte, Österreich offen und offiziell zur moralischen Mitverantwortung für die während der Nazizeit begangenen verbrecherischen Untaten und zugefügten Leiden zu verpflichten.

Am 8. Juli 1991 erklärte Bundeskanzler Vranitzky vor dem Nationalrat: „Über eine moralische Mitverantwortung für Taten unserer Bürger können wir uns auch heute nicht hinwegsetzen. Es ist zwar unbestritten, daß Österreich im März 1938 Opfer einer militärischen Aggression mit furchtbaren Konsequenzen geworden war. Dennoch haben auch viele Österreicher den ‚Anschluß' begrüßt, haben das nationalsozialistische Regime gestützt, haben es auf vielen Ebenen der Hierarchie mitgetragen. Viele Österreicher waren an den Unterdrückungsmaßnahmen und Verfolgungen des Dritten Reichs beteiligt, zum Teil an prominenter Stelle."

„Wir bekennen uns zu allen Daten unserer Geschichte und zu den Taten aller Teile unseres Volkes, zu den guten wie zu den bösen; und so wie wir die guten für uns in Anspruch nehmen, haben wir uns für die bösen zu entschuldigen – bei den Überlebenden und bei den Nachkommen der Toten."

Diese Erklärung, die er am Ende einer Rede über den Krieg in Jugoslawien vor dem Nationalrat abgegeben hatte, wurde damals mit gemischten Reaktionen aufgenommen. Es wurde auch, nicht ganz zu Unrecht, behauptet, daß es „zu wenig und zu spät" gewesen wäre, denn immerhin wären 46 Jahre seit dem Zusammenbruch des NS-Regimes und der Gründung der Zweiten Republik vergangen. Angesichts der andauernden Empfindlichkeit der öffentlichen Meinung in Österreich über den Anteil an den begangenen Verbrechen während der sieben furchtbaren Hitler-Jahre, vom „Anschluß" im März 1938 bis zum Kriegsende im April/Mai 1945, war auch der Wortlaut dieser wichtigen Bundeskanzler-Erklärung eher ausgeglichen.

So betonte Vranitzky, daß es keine kollektive Schuld geben kann, da Österreich damals nicht als Staat bestanden habe, aber er prägte statt dessen den Begriff einer „moralischen, kollektiven Verantwortung".

Im Rückblick hat sich aber auch der ausgeglichene Wortlaut der Parlamentserklärung des Bundeskanzlers als wichtiger Wendepunkt in seinen persönlichen und in Österreichs Beziehungen gegenüber Israel und gegenüber dem jüdischen Volk erwiesen. Die Erklärung Vranitzkys vom Juli 1991 öffnete auch viele Türen zu gegenseitigen Besuchen und persönlichen Annäherungen, trotz der Tatsache, daß Kurt Waldheim noch ein ganzes Jahr Österreichs Präsident war. Vranitzkys mutige und von vielen Österreichern wahrscheinlich unerwartete Erklärung schaffte das passende Gegengewicht zu der Erscheinung Waldheims. Die moralische Haltung des Bundeskanzlers konnte Österreichs Ansehen in der Welt, zumindest zum Teil, wiederherstellen.

II. Es war wahrscheinlich auch kein Zufall, daß Bundeskanzler Vranitzky zwei Monate nach seiner Erklärung vor dem Nationalrat zu einem offiziellen Besuch in die Vereinigten Staaten eingeladen wurde. Dies unabhängig davon, daß Bundespräsident Waldheim auch weiterhin auf der Watch list der Amerikaner stand und deswegen amerikanischen Boden nicht betreten durfte.

Im September 1991 war auch Jerusalems damaliger Bürgermeister, der aus Wien stammende Teddy Kollek, bereit, das erste Mal Wien als offizieller Gast von Bürgermeister Helmut Zilk zu besuchen. Der Beschluß, Franz Vranitzky das Ehrendoktorat der Hebräischen Universität Jerusalem im Rahmen eines offiziellen Besuchs in Israel zu verleihen, folgte über ein Jahr später.

Nach dem Juli 1991 wurde Vranitzkys offene Auseinandersetzung mit Österreichs Vergangenheit auch fast zu einem Leitmotiv bei einer Reihe von wichtigen und passenden Anlässen. In diesem Sinn sollte man einige ausführlichere Zitate des Bundeskanzlers erwähnen, die er im Rahmen seiner Eröffnungsrede des Symposions „Österreich und Deutschland in Europa“ am 4. Mai 1995 in Frankfurt unter dem Titel „Österreichs Platz in Europa“ zum Ausdruck brachte. Die Rede reflektiert wahrscheinlich Vranitzkys grundsätzliche Einstellung zu dem komplizierten und oft umstrittenen Thema über Österreichs Rolle unter der Naziherrschaft.

„Frankfurt verbindet mit Wien, daß das moderne Gesicht dieser Städte tief geprägt wurde vom Streben eines liberalen und in bedeutenden Teilen jüdischen Bürgertums. Es gehört allerdings auch zu unseren Gemeinsamkeiten, daß dieses jüdische Bürgertum, mehr noch, daß der überwiegende Teil jüdischer Kultur und jüdischen Lebens in unseren beiden Ländern vernichtet worden ist.“

„In diesen Tagen befinden wir uns zeitlich inmitten verschiedenster Gedenkveranstaltungen aus Anlaß des Endes des Zweiten Weltkriegs vor 50 Jahren. Beiden Ländern, Deutschland und Österreich, steht es gut an, dieses aktuelle Datum mit Demut, aber auch mit Einsatzbereitschaft und Optimismus zu begehen. Es ist ein würdiger Anlaß, der Opfer des Terrorregimes des Dritten Reichs zu gedenken: der sechs Millionen ermordeten Juden, der Sinti und Roma, die ebenso in Konzentrationslagern vernichtet worden sind, wie derjenigen, die als ‚unwertes Leben' deklariert zynisch zu Tode gebracht wurden."

„Zu nennen sind aber auch die vielen Millionen ziviler wie militärischer Opfer, die die Naziherrschaft durch ihren Expansionsdrang außerhalb ihrer Ursprungsländer gefordert hat. Nicht zu vergessen sind aber auch die, die dem Terror Widerstand entgegengesetzt haben. Etwa die Männer des 20. Juli oder die Geschwister Scholl in Deutschland oder die Mitglieder von Widerstandsgruppen, wie jener ‚05', die ihr Zeichen in die Mauer des Wiener Stephansdoms geritzt haben. Von ihrem Mut könnten wir heute viel lernen."

„Die Befreiung von der Herrschaft der Menschenverachtung, das Ende vom Holocaust und eines sechsjährigen Krieges, der in weiten Teilen der Welt Tod und Vernichtung gebracht hatte, all dies war erst möglich nach dem Sieg alliierter Heere über die Kriegsmaschinerie des Dritten Reichs. In dieser Kriegsmaschinerie waren Österreicher und Deutsche in trauriger, zerstörerischer ‚Waffenbrüderschaft' vereinigt. In dieser Kriegsmaschinerie waren viele Österreicher und Deutsche aber auch gegen ihren Willen eingesetzt und Tausende Kilometer von ihrer Heimat zum Kriegsdienst verpflichtet, den weder sie noch ihre Frauen daheim wollten. Frauen, die in den finsteren Tagen der Naziherrschaft und der Nachkriegszeit zum Widerstand und zum Wiederaufbau bereit waren."

„Es gilt gewiß, zu differenzieren und nicht pauschale Urteile zu fällen. Österreich war auch erstes Opfer des Hitlerstaates, der eine unabhängige österreichische Republik als sogenannte Ostmark 1938 ans sogenannte Deutsche Reich anschloß. Aber zahlreiche Österreicher zählten dann auch zu den Tätern."

„Beides, die erlittenen Demütigungen als Opfer wie auch die Mitschuld vieler Mitwirkender an verbrecherischen Untaten, gilt es klar beim Namen zu nennen."

III. Um die Stellungnahme Vranitzkys gegenüber den Jahren des NS-Regimes richtig einschätzen zu können, sollte man die Tatsache berücksichtigen, daß die Republik Österreich bis zu Vranitzkys Regierungserklärung am 8. Juli 1991 die Verantwortung für die Verbrechen des Nationalsozialismus dem Deutschen Reich anlastete und für sich und seine Staatsbürger leugnete.

Obwohl es fast unglaublich klingt, war Vranitzky diesbezüglich noch im Jahre 1991 vielen seiner Landsleuten voraus und wagte Ausdrücke zu betonen, die in vielen Kreisen Österreichs auch damals noch unpopulär waren.

Die erste Kanzlerperiode Franz Vranitzkys war zweifellos von zwei vollkommen gegensätzlichen politischen Figuren geprägt. Einerseits war die Stimme des Altbundeskanzlers Bruno Kreisky in der politischen Szene Österreichs vor zehn Jahren noch sehr anwesend. Andererseits war die unglückliche Wahl Kurt Waldheims zum Bundespräsidenten im Sommer 1986 ausschlaggebend für den frühzeitigen Rücktritt des kurzfristigen Vorgängers von Vranitzky, Fred Sinowatz. Dieser Schritt bahnte den Weg zur Ernennung Vranitzkys zum Bundeskanzler, nur wenige Monate vor der Nationalratswahl.

In der Tat fühlte sich der „alte Herr“ der SPÖ, Bruno Kreisky, verpflichtet, Vranitzky bei der Eröffnungs-Wahlkundgebung der Partei in der Wiener Stadthalle im Oktober 1986 seinen Segen zu geben. Österreich sei mit Vranitzky in guten Händen, erklärte Kreisky bei dieser Kundgebung, trotz seiner politischen Distanz und persönlichen Zurückhaltung ihm gegenüber, und sicherte damit Vranitzkys einstimmige Wahl zum Bundeskanzlerkandidaten.

IV. Die Beziehung Vranitzkys zu Bruno Kreisky war nie besonders eng. Seine politische Förderung kam eher aus einem Milieu, das Androsch näher stand, was natürlich nicht zu Vranitzkys Beliebtheit bei Kreisky beigetragen hat. Daraus folgte auch, daß Vranitzky sich nicht vollkommen an Kreiskys Nahostpolitik gebunden fühlte, was in späteren Jahren die Beziehungen zwischen Wien und Jerusalem gewissermaßen erleichterte. Aber die Grundlinien der Beziehungen zu der PLO, die von Kreisky jahrelang geprägt worden waren, blieben zum großen Teil unversehrt. So wurde bei einem Besuch von PLO-Chef Arafat in Wien im Dezember 1988 der ständige Vertreter der PLO in den Rang und die Würde eines Botschafters erhoben.

Kreiskys schärfste Kritik gegen Vranitzky kam kurz nach der Bildung der Koalition aus SPÖ/ÖVP Anfang 1987, nachdem der Altbundeskanzler erfolglos gegen einen Verzicht der SPÖ auf das Außenministerium gekämpft hatte. Mit der Ernennung Alois Mocks zum Außenminister legte Bruno Kreisky aus Protest den Ehrenvorsitz der SPÖ zurück.

Doch waren die Waldheim-Jahre, die Vranitzkys erste Regierungsperioden umspannten, vielleicht die schwierigste und wichtigste politische Herausforderung für den Bundeskanzler. In einem Österreich, dessen Bundespräsident wegen bestimmter Schatten in seiner Vergangenheit von offiziellen Kontakten mit den meisten Ländern der Welt ausgeschlossen war, fiel die Hauptrolle der zeremoniellen und politischen Vertretung der Zweiten Republik im Ausland auch auf den Bundeskanzler. Das war eine Aufgabe, die von Vranitzky immer sehr taktvoll erfüllt werden mußte, damit die internen Spannungen zwischen beiden Seiten des Ballhausplatzes und auch in der SPÖ/ÖVP-Koalitionsregierung nicht vollkommen unerträglich geworden wären.

So brachte einer seiner ersten offiziellen Besuche, schon in den Anfangswochen seiner ersten Amtsperiode, Bundeskanzler Vranitzky im September 1986 nach Holland zu Einweihung des zum Teil mit österreichischen Geldern neu umgebauten jüdischen Museums in Amsterdam.

Die Einladung für Österreichs Bundespräsidenten zur Einweihungszeremonie in Anwesenheit der Königin der Niederlande war für den vorherigen Bundespräsidenten, Rudolf Kirchschläger, gedacht gewesen, hieß es seitens der niederländischen Regierung, die damit einen Besuch Kurt Waldheims als unerwünscht erklärte. Holland, das so sehr unter der Naziherrschaft eines berüchtigten österreichischen Nazis wie Seyß-Inquart gelitten hatte, war besonders empfindlich gegenüber einem österreichischen Bundespräsidenten wie Waldheim, der erhebliche Gedächtnislücken über seine Dienstzeit als Wehrmachtsoffizier in Jugoslawien bewiesen hatte.

So wurde Österreich bei diesem wichtigen Staatsakt in Holland von Bundeskanzler Vranitzky ehrenhaft vertreten.

V. Die Distanzierung der Vranitzky-Regierung von Bundespräsident Waldheim fand ihren Höhepunkt im März 1988 bei den vielen Gedenkfeiern und Kundgebungen, die den fünfzigsten Jahrestag der Machtübernahme der Nazis und des „Anschlusses" Österreichs an das „Dritte Reich" bezeichneten. Bei einem Vorbereitungstreffen mit Auslandskorrespondenten und Vertretern der internationalen Medien, an dem ich selbst teilgenommen habe, sagte Bundeskanzler Vranitzky ganz offen, es wäre wegen der Affäre Waldheim, der sogenannten „Causa prima", daß jetzt so viele verschiedene Veranstaltungen zur Erinnerung an den berüchtigten „Anschluß" stattfinden würden. „Sonst hätten wir vielleicht zwei oder drei große Kundgebungen gehabt", sagte Vranitzky, „und damit wäre es vorbei gewesen."

Es war klar, daß die großen politischen Debatten während und nach der Wahl Waldheims Österreich, vielleicht zum ersten Mal in seiner Nachkriegsgeschichte, zu einer offenen Auseinandersetzung mit seiner eigenen Vergangenheit gezwungen hatten. In einer paradoxen Weise haben eben die verdrängten Schatten der Vergangenheit Waldheims ernste Versuche, sich mit Österreichs Nazijahren zu beschäftigen, hervorgerufen.

VI. Seiner Überzeugung folgend, daß nur die richtige Erziehung der jüngeren Generation solch furchtbaren Geschehnissen in der Zukunft vorbeugen könne, nahm Vranitzky selbst auch an größeren Treffen mit Schülern und Jugendlichen teil. Waldheim durfte außer einer Fernsehansprache am Tag vor Beginn der „Anschluß"-Gedenkfeiern und einer Kranzniederlegung keine öffentliche Rede halten oder sonst an einer Mahnkundgebung aktiv teilnehmen.

Die Waldheim-Jahre brachten auch eine Verschlechterung der diplomatischen Beziehungen zwischen Wien und Jerusalem mit sich, was nur durch gegenseitige Zurückhaltung und politische Vernunft nicht zu einer akuten Krise führte. Im Oktober 1986 ging Israels Botschafter in Wien, Michael Elizur, in den Ruhestand, und Jerusalem weigerte sich, einen neuen Botschafter zu ernennen, weil dieser Bundespräsident Waldheim sein Beglaubigungsschreiben überreichen hätte müssen. Israel sollte bis auf weiteres durch einen Geschäftsträger bei seiner Botschaft in Wien vertreten sein.

Daraufhin beschloß der Ministerrat, Österreichs Botschafter in Israel, Otto Pleinert, „zur Berichterstattung" nach Wien einzuberufen. Bundeskanzler Vranitzky betonte, daß dieser Schritt Österreichs nicht der Ausdruck einer Verstimmung zwischen den beiden Staaten sei und daß damit Österreich keineswegs Ungeduld signalisiere. Man wolle lediglich den Zeitpunkt und Rang der künftigen israelischen Vertretung in Österreich wissen. Im Gegensatz zu Außenminister Mock, der die Haltung Israels in der Botschafterfrage für eine „Ungeheuerlichkeit" hielt, versuchte Vranitzky die Krisenstimmung herunterzuspielen. Er schloß auch keineswegs aus, daß Botschafter Pleinert nach der ausführlichen Berichterstattung in Wien nach Israel zurückkehren würde, wo er schon fünf Jahre diente.

VII. Auch Thomas Klestil, Österreichs damaliger Botschafter in den USA, unternahm den ungewöhnlichen Schritt, die Reaktion des Außenministeriums in der Botschafteraffäre mit Israel in einem Pressegespräch offen zu kritisieren. Er hätte die Affäre stärker heruntergespielt und den österreichischen Botschafter in Israel zur Berichterstattung einberufen.

Wie dem auch sei, Otto Pleinert kehrte nach einigen Wochen nach Israel zurück, wo er noch weitere drei Jahre seinen Posten behielt, obwohl Israel in Wien nur durch einen Geschäftsträger vertreten war. Nach insgesamt acht Jahren als Botschafter in Israel – eigentlich eine Rekordzeit – wurde er zum Botschafter in Stockholm ernannt. Jetzt konnte sich Waldheims Forderung nach Reziprozität gegen den Bundeskanzler und gegen den ehemaligen SPÖ-Außenminister Jankowitsch durchsetzen, obwohl beide eine Herabsetzung der Beziehungen mit Israel auf Geschäftsträger-Ebene schädlich fanden. Doch der Bundespräsident kann eine Botschafterernennung verweigern.

So mußten Wien und Jerusalem noch drei Jahre warten, bis beide Staaten, nach der Wahl Klestils zum Bundespräsidenten, wieder durch Botschafter vertreten waren. In beiden Fällen waren es die

Geschäftsträger mit persönlichem Botschafterrang, Kurt Hengl und der vor kurzem verstorbene Peter Aran, die ihre Beglaubigungsschreiben in Jerusalem und in Wien überreichten. Doch ist es Bundeskanzler Vranitzky auch während dieser Jahre der beschränkten diplomatischen Vertretung gelungen, die Beziehungen zwischen Österreich und Israel zu fördern und zu verbessern.

Schon im Herbst 1991 veranlaßte Vranitzky anläßlich des achtzigsten Geburtstags Teddy Kolleks die Bereitstellung eines Betrags von 20 Millionen Schilling für die gründliche Renovierung des Rehavia Gymnasiums, des ältesten hebräischen Gymnasiums in Jerusalem. Es wäre quasi ein „Geburtstagsgeschenk" für Teddy Kollek gewesen, das vom damaligen Unterrichtsminister Rudolf Scholten im Auftrag des Bundeskanzlers verwirklicht wurde. Bei seinem Besuch in dem renommierten Gymnasium, das viele prominente Israelis zu seinen ehemaligen Schülern zählt, bezeichnete Vranitzky diese „Investition in die Zukunft junger Menschen" als „wichtiges Symbol für die Vertiefung der Kooperation zwischen den Menschen zweier Länder".

Im Laufe der Jahre entwickelten sich besonders gute persönliche Beziehungen zwischen Vranitzky, Jitzhak Rabin und Shimon Peres, zuerst im Rahmen der Sozialistischen Internationalen und dann bei wiederholten persönlichen Besuchen in Wien und in Jerusalem. Israels Premierminister Rabin war 1993 der persönliche und offizielle Gastgeber Vranitzkys bei dem ersten Staatsbesuch eines österreichischen Bundeskanzlers in Israel. Schon beim offiziellen Empfang in Jerusalem mit allen militärischen Ehren hatte Rabin Israels Freundschaft zu Österreich angeboten, trotz der auch bitteren Kapitel der Vergangenheit.

VIII. Fast sämtliche Zeitungen in Österreich und in Israel hatten nicht genügend Superlative, um die historische Bedeutung dieses Besuchs zu betonen:

„Historischer Kanzlerbesuch in Israel", „Ehrliche Rede als erster Schritt", „Vranitzkys Besuch in Israel stärkt die Beziehungen", „Starkes Echo auf Vranitzky-Rede in Jerusalem", „Vranitzkys Israel-Reise war ein Schlußstrich unter ein blamables Kapitel österreichischer Geschichte"; „Richtige Worte um Jahrzehnte zu spät" lautete nur ein kleiner Teil der Schlagzeilen.

Am besten hat es vielleicht Shimon Peres zusammengefaßt: „Herr Kanzler, Sie haben unsere Herzen berührt", sagte der damalige israelische Außenminister in seiner Tischrede.

Das historische Abkommen zwischen Israel und der PLO im September 1993, nur drei Monate nach Vranitzkys offiziellem Besuch in Jerusalem, erleichterte noch mehr die Förderung der freundschaftlichen

Beziehungen zwischen beiden Ländern. Als Herr Rabin einen Sonderbotschafter zu Vranitzky nach Wien entsandte, um den Bundeskanzler über die Details des sogenannten „Oslo-Abkommens" zu informieren, erinnerte der Bundeskanzler in seiner Freude an die fast prophetischen Voraussagungen Bruno Kreiskys, an die zu seiner Zeit nur so wenige glauben wollten.

Wie tragisch und entsetzlich, daß fast zweieinhalb Jahre später Bundeskanzler Vranitzky zum Staatsbegräbnis Rabins am Herzlberg in Jerusalem kommen mußte.

Das aktive Interesse Vranitzkys an dem Friedensprozeß zwischen Israel und der PLO wurde in den letzten Jahren immer stärker, wie auch die Tatsache beweist, daß er den ihm 1995 verliehenen Fulbright Prize for International Understanding der Jugendinitiative des Bruno Kreisky Forums für Internationalen Dialog, „Crossing Borders" (Aktivitäten junger Israelis, Palästinenser, Jordanier und Ägypter), zur Verfügung stellte. Die engen und traditionellen freundlichen Beziehungen Österreichs mit den Palästinensern und mit Israel sollten eigentlich viel besseren gemeinsamen Ausdruck finden, als es heute der Fall ist. Eine österreichische Botschaft in Israel, die mehr Verständnis für die Empfindlichkeiten beider Seiten aufbringen könnte, würde Vranitzkys Geist der wahren Freundschaft zu diesem Land viel besser dienen.

IX. In den Bemühungen des Bundeskanzlers, den Leiden der Opfer der Nazi-Gewaltherrschaft gerecht zu werden, gab es aber auch Ärger und Mißverständnisse. Wie er in seiner Rede in Jerusalem ankündigte, war es seine Absicht, einen Nationalfonds der Republik Österreich für Opfer des Nationalsozialismus zu gründen. Allgemein wurde angenommen, daß von den 120.000, die sich nach 1938 vor dem NS-Regime retten konnten, noch ungefähr über 30.000 Menschen zu erreichen seien.

Nach langer Nationalratsdebatte wurde die Errichtung dieses Nationalfonds Ende Mai 1995 mit den Stimmen von SPÖ, ÖVP, dem Liberalen Forum und Teilen der FPÖ beschlossen. Der Fonds wurde im Parlament angesiedelt und ist in der ersten Etappe mit 500 Millionen Schilling dotiert. Also weit unter der erwarteten Anfangssumme, die von den Medien mit bis zu 3,5 Milliarden Schilling angegeben wurde. Vranitzky gab sich große Mühe, um die Vertreter der enttäuschten jüdischen Überlebenden und die Öffentlichkeit davon zu überzeugen, daß das wirklich nur der Anfang sei. Ärger schaffte auch die Tatsache, daß man, um eine höhere Summe als die einmalige Auszahlung von 70.000 Schilling zu bekommen, als sozial bedürftig anerkannt werden muß. Jetzt konnte man nur abwarten, wie die Zahlungen dieses Nationalfonds sich in der Tat gestalten würden.

Bei seinem Besuch in der Holocaust-Gedenkstätte Yad Vashem, neben dem Herzlberg in Jerusalem, trug sich Vranitzky nach einer Kranzniederlegung in der „Halle der Erinnerung“ im Gedenkbuch von Yad Vashem mit den folgenden Worten ein: „Die Gefahr ist niemals für immer gebannt. Bleiben wir wachsam! Im Dienst aller Menschen.“

Diese mahnenden Worte und Gedanken wurden in den letzten Jahren zu einem Leitmotiv Vranitzkys. So auch bei seiner Ansprache in Mauthausen am 7. Mai 1995 anläßlich der 50. Wiederkehr der Befreiung des Konzentrationslagers und anläßlich des Gedenkens an das Ende des Zweiten Weltkriegs:

„Die Mahnung muß lauten: Niemals vergessen, niemals mehr den Boden der Demokratie, der Freiheit und des Rechts verlassen, niemals mehr denen Glauben schenken, die die repräsentative Demokratie diffamieren und durch eine Führergesellschaft ersetzen wollen.“

X. Der Bundeskanzler war glücklich darüber, daß zwei Tage später 5.000 Schüler aus allen Teilen Oberösterreichs in der Gedenkstätte Mauthausen einen „Altar gegen das Vergessen“ errichten wollten. Das heutige Österreich wäre die klare und deutliche Antithese zum KZ Mauthausen.

Und hier wieder die Erklärung des österreichischen Bundeskanzlers am 9. Juni 1993 am Scopus-Berg in Jerusalem, bei der Verleihung des Doctor honoris causa-Titels der Hebräischen Universität Jerusalem:

„Wir anerkennen kollektive Verantwortung, Verantwortung für jeden von uns, sich zu erinnern und Gerechtigkeit zu suchen. Wir teilen die moralische Verantwortung, weil viele Österreicher den Anschluß begrüßten, das Naziregime unterstützten und bei seinem Funktionieren halfen.“

„Wir dürfen jene nicht vergessen, die unaussprechliche Schicksale erlitten, wir dürfen jene nicht vergessen, die dieses Leid verursachten, und wir dürfen jene nicht vergessen, die Widerstand leisteten.“

„Die moralische Verantwortung wiegt doppelt für Österreich, da uns bewußt ist, wieviel von uns selbst, von unserem Leben und unserer Kultur im Feuersturm der Nazibarbarei zerstört worden ist. Vieles von dem, worauf Österreich heute so stolz ist, von Sigmund Freud bis Gustav Mahler, von Arnold Schönberg bis Ludwig Wittgenstein, von Karl Kraus bis Theodor Herzl, von Stefan Zweig bis Victor Adler, ist Teil des österreichischen Erbes. Indem wir unseren Teil der kollektiven Verantwortung tragen, würdigen wir dieses Erbe, beanspruchen wir es als Teil unserer Geschichte.“

Der Text der Ehrung für Franz Vranitzky, wie er am 11. November 1992 vom Senat der Hebräischen Universität in Jerusalem beschlossen wurde, ist vielleicht das beste Zeugnis für diesen Staatsmann, der jetzt schon zehn Jahre an der Spitze der Regierung Österreichs steht.

„Distinguished international statesman, uncompromising defender of democracy and highly regarded economist, Prime Minister of the Republic of Austria Dr. Franz Vranitzky is a loyal friend and supporter of Israel and of the Jewish people."

„During his current third term of office, Chancellor Vranitzky publicly acknowledged and apologized for the role Austrians played during the Nazi tyranny and expressed for the first time Austria's responsibility to adequately face her past."

XI. „This unprecedented and brave gesture by an Austrian leader came from a man who stands at the helm of Europe's fight against fascism and anti-Semitism. Indeed, he is a man who consistently places values of humanism and freedom high above political gain and, both as Chancellor and chairman of the Austrian Social Democratic Party, has never shied away from expressing his distaste for right-wing elements or for sharing power with them.

Chancellor Vranitzky has forged close ties with Israel and, in particular, with the Hebrew University. Through his good offices, he has provided much tangible and moral support for the University and has generously devoted time to it. In his friendship for the Jewish State, he has shown a profound understanding of Israel's aspirations and of the complexity of her problems."

„In administration of his strong and public commitment to democracy and freedom, and in appreciation of his warm and constant friendship towards Israel and the Hebrew University, the Senate has resolved to confer on Franz Vranitzky the degree of

Doctor Philosophiae Honoris Causa

of the Hebrew University of Jerusalem

and he is hereby invested with all the dignities and privileges pertaining to the degree of Doctor."

2. März 1994

Vor dem Nationalrat zum Abschluß der EU-Verhandlungen

„Heute ist denkunmöglich geworden, daß Bürger von Mitgliedstaaten der EU gegeneinander Krieg führen, aufeinander schießen, und damit wird diese europäische Einigung neben allen wirtschaftlichen, neben allen sozialen und ökologischen Fragen vor allem ein ganz großes Friedensprojekt der Geschichte. Gerade angesichts der Unsicherheiten an unseren Grenzen wollen wir ganz bewußt an diesem großen Friedensprojekt teilhaben und es auch gestalten.
Es ist immer wieder die Rede davon, daß es in der Politik an großen Entwürfen, an den Visionen mangle. Ich frage: Was, wenn nicht die friedliche Einigung unseres Kontinents Europa, was, wenn nicht das Zusammenwachsen der unterschiedlichsten Völker und Kulturen sollten eine solche Perspektive sein, eine Aufgabe, der es sich zu widmen lohnt?“

Fred Sinowatz

Bundeskanzler und Bundesparteivorsitzender a. D.

10 Jahre danach

Ich habe Franz Vranitzky 1971, als ich von Bruno Kreisky in die Bundesregierung geholt wurde, kennengelernt. Er war damals als volkswirtschaftlicher Berater im Kabinett des Finanzministers Hannes Androsch tätig. Bei den vielen Vorbesprechungen zu den Ministerratssitzungen und den häufigen Regierungsklausuren sowie bei den immer wieder notwendigen Beratungen zwischen Ressortminister und Finanzminister wird man natürlich auch mit den Mitarbeitern der Ministerkollegen, ganz besonders mit jenen des Finanzministers, bekannt. Hannes Androsch hatte nach meinen Eindrücken ein sehr professionelles Team für sein Kabinett zusammengestellt, und jeder Mitarbeiter vermittelte in seinem Auftreten Kompetenz und Einsatzfreude. Franz Vranitzky fiel mir zusätzlich durch seine Ernsthaftigkeit und betonte Seriosität auf. Seine Besonnenheit und Gelassenheit waren nicht zu übersehen.

Noch eines fiel mir bei den Mitarbeitern Androschs auf: Sie waren durchwegs – so wie der junge Finanzminister selbst – typische Vertreter der Zeit nach den Jahrzehnten der Nachkriegsära. Ihr Selbstbewußtsein begründete sich in einer vortrefflichen Ausbildung und einer offenen Haltung der SPÖ gegenüber, frei von einer allzu engen ideologischen Bindung. Ich spürte die daraus resultierende Selbstsicherheit einer neuen Generation, und dieser erste Eindruck blieb für mich über alle Wechselfälle der nächsten Jahre erhalten.

Franz Vranitzky schied einige Jahre später aus dem Kabinett des Finanzministers aus und kehrte in seinen ersten Wirkungskreis, in das Bankfach, zurück. Seine Laufbahn führte ihn rasch in die Spitzenränge der größten Banken des Landes. Er blieb so in meinem Gesichtskreis, nicht zuletzt deshalb, weil er in diesen Jahren spektakuläre Sanierungsfälle zu bewältigen hatte, die natürlich immer wieder Gesprächsstoff in der Regierung und Parteiführung bildeten. Es war eine beachtliche Karriere, ohne daß er damit in die Öffentlichkeit drängte. Jede Selbstdarstellung lag ihm offensichtlich fern, was ja schon damals in dem von Medien stets beleuchteten Bereich der aktuellen Wirtschaftspolitik und des augenfälligen Geschehens in den Krisenfällen der Banken eher eine Ausnahme bildete. Mir imponierten von meinem doch distanzierten Standort des Beobachters der Szene seine Ruhe, die Bewahrung des Überblicks und die geschickte Einordnung der Fachlichkeit in die politischen Rahmenbedingungen. Vielleicht fiel ihm das Verbleiben im Hintergrund leichter, weil gerade in diesen Jahren die Auseinandersetzung zwischen Bruno Kreisky und Hannes Androsch eskalierte und das öffentliche Interesse in einem immer größeren Maße in Anspruch nahm. Es war ja damals für niemanden, der irgendwie im Umkreis von Kreisky und Androsch zu arbeiten hatte, leicht, sich halbwegs frei von Emotionen zu halten und nicht in den Strudel der leidenschaftlichen medialen Polemik gerissen zu werden. Vranitzky konzentrierte sich auf seine ohnehin schwierigen, ja bisweilen nervenaufreibenden Aufgaben und konnte sich so, ohne seine grundsätzliche Position aufzugeben, den Auswüchsen des Streites entziehen. Auch hier fiel seine große Affinität zu einer unbeirrbaren Sachlichkeit auf, das heißt, das Voranstellen der Sache vor subjektive Sympathien oder Animositäten. Manche mißverstehen diese Priorität für die Sache als Flucht vor der Parteinahme, aber sie beachten dabei nicht, daß gerade die Überwindung persönlicher Neigungen oft viel schwieriger ist als die Festlegung auf einen objektiven Standpunkt.

Ich habe also Franz Vranitzky in diesem Jahrzehnt der Kreisky-Ära aus der Entfernung sehr genau beobachtet. Ohne mit ihm allzu oft in unmittelbaren Kontakt zu treten, machte ich mir ein – wie ich meine – sehr genaues Bild seiner Persönlichkeit. Es sollte mir später eine große Hilfe bei einer bedeutsamen Personalentscheidung sein. Ich habe diese Beobachtung des Wirkens von Franz Vranitzky stets für mich allein vorgenommen und mit niemandem darüber gesprochen; schließlich bestand ja vorerst für mich kein unmittelbarer Handlungsbedarf. Meine Einschätzung Vranitzkys war also unbeeinflußt von persönlichen Verbindungen und von irgendwelchen Meinungen oder Beurteilungen durch Dritte.

Anfang der achtzigerJahre ging die Ära Kreisky allmählich zu Ende. Der lange Zeit als Nachfolger unbestrittene Hannes Androsch fiel aus und wurde Generaldirektor der CA, und Bruno Kreisky berief mich in die Funktion des Vizekanzlers. Ich folgte dem Ruf Kreiskys, dessen Autorität ja unbestritten war, deponierte aber bei ihm, daß damit keine Festlegung für eine spätere Nachfolge verbunden wäre. Aber nach der Nationalratswahl 1983, bei der die SPÖ keine absolute Mehrheit erreichen konnte, rief mich der Bundeskanzler in Eisenstadt, wo ich mich am Wahltag aufhielt, an und teilte mir mit, daß er aus der Regierung ausscheiden und mich am nächsten Tag in der Sitzung des Parteipräsidiums als seinen Nachfolger vorschlagen werde. Ich erinnerte ihn, daß ich schon bei meiner Nominierung zum Vizekanzler eine spätere Übernahme der Führungsposition in der Regierung abgelehnt hätte und er, Kreisky, damals meinen Standpunkt akzeptiert hätte. Doch er hielt an seiner Absicht fest und ließ mit sich nicht weiter reden. Ich bereitete noch in der Nacht eine Erklärung für das Parteipräsidium vor, warum ich die Nachfolge als Bundeskanzler nicht antreten wolle. Das war für mich keineswegs etwa eine kokette Geste, nein, mir war es sehr ernst, als ich meine Ablehnung vor dem Parteipräsidium erläuterte. Ich scheute aber nicht die Last der Verantwortung, nicht die mit der Funktion verbundene Bürde, nein, ich wußte, daß die Wahlniederlage nicht bloß auf ein Fehlverhalten im Wahlkampf zurückzuführen war, sondern bereits Ausdruck eines politischen Bewußtseinswandels gewesen war. Die soziologischen Veränderungen hatten in der österreichischen Gesellschaft einen Prozeß eingeleitet, der völlig neue politische Tatbestände schuf. Ich spürte, daß ein personeller Wechsel innerhalb des Systems nicht genügen würde, um der dramatischen Situation Rechnung zu tragen. Aber die Partei suchte eine rasche Lösung der Nachfolgefrage, und sie war auch auf eine grundsätzliche Neuorientierung nicht vorbereitet. Das Parteipräsidium und der Parteivorstand ließen meine persönliche Begründung einer Ablehnung erst gar nicht zu. Innerhalb einiger Stunden war ich designierter Bundeskanzler.

Ich schildere das deswegen so ausführlich, weil ich aufzeigen will, daß ich den Beginn eines neuen Abschnitts in der Regierungsarbeit wohl erkannt hatte, aber die eingefahrenen Bahnen in der Partei so unverrückbar waren, daß der Handlungsspielraum für eine entscheidende Veränderung im Sinne des politisch-gesellschaftlichen Wandels ganz einfach zu eng blieb. Wohl konnten innerhalb des Systems personelle Rahmenveränderungen herbeigeführt werden, die mit dem Eintritt von Heinz Fischer, Karl Blecha und Helmut Zilk in die Regierung ihren Ausdruck fanden, aber damit waren die Grenzen des Möglichen erreicht.

Meine Absicht ging allerdings weiter. Ich wollte ein Signal für eine Neuerung, für eine Berücksichtigung der neuen gesellschaftlichen Entwicklungen setzen und Franz Vranitzky schon damals als Finanzminister in die Regierung berufen. Mein Vorhaben scheiterte 1983 an der Ablehnung durch Kreisky, der ja damals noch Parteivorsitzender gewesen ist, und an den Bedenken Anton Benyas, dessen politische Autorität sehr groß war. Kreisky hatte wohl gegen die Person Vranitzky nichts einzuwenden, reagierte aber auf alles überaus sensibel, was auch nur im entfernten mit Hannes Androsch in Verbindung gebracht werden konnte, und Anton Benya, der zwar ein durchaus freundliches Verhältnis zu Androsch hatte, wollte mit der neuerlichen Nominierung Herbert Salchers als Finanzminister die von ihm auch sonst sehr geschätzte personelle Kontinuität bewahren. Während die negative Haltung Kreiskys keineswegs eine objektive Berechtigung hatte, war die Argumentation Benyas nicht von der Hand zu weisen, wenn man bedenkt, daß damals mit der Kleinen Koalition eine völlig neue und noch unerprobte politische Konstellation ins Haus stand. Ich beugte mich jedenfalls der Meinung der beiden und verzichtete vorerst auf eine Berufung Vranitzkys. Eines allerdings war geschehen: Ich hatte erstmals mit ihm über einen eventuellen Eintritt in die Regierung gesprochen. Vranitzky kannte also von diesem Zeitpunkt an meine Präferenzen. Er hat sich damals keineswegs um den Eintritt in die Regierung beworben, aber ich spürte, daß er einer solchen Herausforderung nicht völlig ablehnend gegenüberstand.

Die Kleine Koalition, die nun ihre Arbeit aufnahm, erforderte viel Kraft. Sie entsprach nicht dem großen Konsensbedürfnis der meisten Österreicher und erforderte auch in der SPÖ, die zuletzt länger als ein Jahrzehnt hindurch eine Alleinregierung mit absoluter Mehrheit im Parlament gewohnt war, eine gewaltige Umstellung. Die Überlegung, der wir 1983 mit Kreisky an der Spitze folgten, war allerdings keineswegs ausschließlich von einem machtpolitischen Kalkül getragen, sondern es sollte die damalige dritte politische Kraft durch die Übernahme von Regierungsverantwortung endgültig in das demokratische System Österreichs eingebunden werden und ihren Exponenten Friedrich Peter und Norbert Steger erleichtert werden, den Weg zu einer Partei mit liberal-freiheitlichem Schwerpunkt zu gehen. In der SPÖ hat man damals dieser übergeordneten politischen Strategie zu wenig Rechnung getragen. Dazu kam, daß die von mir schon genannte soziologische Veränderung Probleme schuf und der politische Alltag mit neuen ökonomischen und nun auch ökologischen Aufgaben konfrontiert wurde. Wohl gelang es damals, eine Reihe beachtlicher Maßnahmen durchzusetzen, wie etwa eine weitgehende Budgetkonsolidierung, was allerdings auch damals als Belastungspaket verleumdet wurde. Allerdings blieb das allgemeine Unbehagen, trotz guter Wirtschaftsdaten und bemerkenswerten Wohlstands. Ich sah mich daher immer mehr in meiner Überzeugung bestätigt, daß eine gesellschaftlich bedingte Wende im Bewußtsein der Menschen eingetreten war. Dieses Bewußtsein entsprach nicht mehr jenem der siebziger Jahre, und die Politik mußte das zur Kenntnis nehmen. Mit einer besonderen Kraftanstrengung wollte ich 1984 dem Rechnung tragen. Ich bereitete eine umfassende Regierungsumbildung vor und zog sie innerhalb kürzester Zeit durch. Nicht weniger als fünf Minister wurden ausgewechselt. Sie alle hatten sich unzweifelhaft große Meriten erworben, und es war für mich nicht leicht, auf ihre Mitarbeit zu verzichten. Der Umbau der Regierung erschien mir aber unbedingt notwendig. Die neuen Minister waren Leopold Gratz, Ferdinand Lacina, Herbert Moritz, weil Helmut Zilk Bürgermeister wurde, Gertrude Fröhlich-Sandner und – Franz Vranitzky.

Ein Schwerpunkt der Regierungsumbildung war natürlich die Berufung von Franz Vranitzky zum Finanzminister. Das war in erster Linie das von mir angestrebte Signal. Er repräsentierte den Sozialdemokraten in einer neuen Zeit, der sich durchaus zu den Grundwerten dieser Bewegung bekennt, aber nicht durch überholte dogmatische

Fesseln eingeengt ist, einen, der durchaus in der Politik eine ganzheitliche Aufgabe erkennt und die Entwicklung der Gesellschaft zu einer breiten Mittelschichte nicht aus ideologischer Denkmalpflege verdrängt.

Daß Franz Vranitzky zwar nicht über den in der Sozialdemokratie lange Zeit üblichen Weg, also über eine Funktionslaufbahn, in die aktive Politik ging, stimmt, aber daß damit weder Zufälligkeit noch reiner Pragmatismus verbunden waren, muß ausdrücklich festgestellt werden. Für ihn bedeutete die Übernahme einer Regierungsfunktion auch eine von der Gesinnung her geprägte Herausforderung. Er ist kein bloßer „Quereinsteiger", sondern ein Mann, der sehr bewußt in der Politik eine Verpflichtung sieht, für ein soziales Gemeinwesen tätig zu sein. Wie anders wäre sonst erklärbar, daß er zu einem Zeitpunkt auf eine glänzende und durchaus einträgliche berufliche Karriere verzichtete, zu dem die politische Lebensdauer der Regierung keineswegs längerfristig auch nur halbwegs gesichert erschien.

Auf die Kleine Koalition kamen damals große Schwierigkeiten zu. Im Winter des Jahres 1984 eskalierte die Krise um das geplante Donaukraftwerk Hainburg. Die militante Form des Widerstandes und die mediale Unterstützung der sogenannten Auschützer überraschten die Regierung. Hainburg wurde zu einem Symbol der Umweltbewegung. Um gewalttätige Ausschreitungen, die befürchtet werden mußten, zu verhindern, kam es zu einer Nachdenkphase, die ein Ende des Kraftwerkbaues einleitete. Auch Hainburg war schließlich Ausdruck einer neuen politischen Dimension, mit der die Regierung nun immer öfters konfrontiert wurde. Letztlich galt das auch für die Schwierigkeiten rund um die verstaatlichte Industrie. Auch hier konnte mit dem bisher üblichen wirtschaftspolitischen Instrumentarium nicht mehr weitergearbeitet werden. Wieder ein Hinweis darauf, daß der technische Fortschritt allein nicht jene Attraktivität brachte, mit der noch ein Jahrzehnt zuvor politische Erfolge erzielt werden konnten. Eine Folge dieser Entwicklung war ein starker Vertrauensverlust für die nunmehr seit langem führende Regierungspartei. Die regelmäßig durchgeführten Meinungsumfragen bestätigten, was im Kontakt mit den Menschen immer spürbarer wurde: das allmähliche Abbröckeln der Wählerschaft!

Dazu kam das Ergebnis der Präsidentschaftswahl, das psychologisch die Partei deswegen so arg traf, weil zum ersten Mal in der Geschichte der Zweiten Republik nicht der von der SPÖ nominierte Kandidat gewählt wurde. Es war aber nicht dieses Wahlergebnis, auch nicht Hainburg oder die Verstaatlichte für sich allein, was mich bewog, einen Wechsel an der Spitze der Regierung vorzubereiten. Nein! Es war die Erkenntnis, daß eine bestimmte Periode der Politik in Österreich zu

Ende ging und jene Generation von Politikern, die noch von den Jahren des Wiederaufbaues geprägt war, die also noch in den fünfziger und sechziger Jahren ihre ersten politischen Erfahrungen sammelte, nicht mehr imstande war, die neuen gesellschaftlichen Gegebenheiten voll zur Kenntnis zu nehmen und danach eine neue umfassende politische Strategie zu gestalten. Schon Monate vor der Präsidentschaftswahl führte ich deswegen Gespräche mit den engsten Freunden. Natürlich erkannten auch sie, daß politische und personelle Konsequenzen gezogen werden müßten. Letztlich konnte ich sie auch von der von mir geplanten Alternative, nämlich Franz Vranitzky vorzuschlagen, überzeugen. Mit ihm blieb ich ja die ganze Zeit im Gespräch.

Auch diesmal war es so, daß er sich nicht um die Nachfolge bewarb oder gar darauf hinarbeitete, aber daß er seine Bereitschaft zur Übernahme dieser Aufgabe bekundete. Auch diesmal muß bedacht werden, daß er zu diesem Schritt bereit war, obwohl er in einer politisch krisenhaften und unsicheren Zeit gemacht werden mußte. Jeder, der Franz Vranitzky kennt, weiß, daß er eine solche Entscheidung nicht leichtfertig und ohne Bedacht trifft. Er kannte aufgrund seiner politischen Erfahrung voll und ganz das Ausmaß der Verpflichtung, die er auf sich nahm – es gab dafür keine materiellen Vorteile, und schon gar nicht ging es ihm um irgendeine Form der Eitelkeit.

Heute sind seit diesem Entschluß von mir, den Wechsel zu Franz Vranitzky vorzunehmen, und seit dessen Entscheidung, diese Aufgabe auf sich zu nehmen, zehn Jahre vergangen. Es ist also Zeit genug vergangen, um zu überprüfen, ob alles richtig war, was in den entscheidenden Juni-Tagen des Jahres 1986 eingeleitet und vollzogen wurde.

Ich glaube, daß schon allein der Umstand, daß Franz Vranitzky zehn Jahre diese höchste Regierungsfunktion innehat, für sich spricht. Er hat sich bewährt – das ist wohl keine Frage –, und er hat vor allem das, was ich erhofft hatte, nämlich der Geisteshaltung einer neuen Generation, ihren Vorstellungen und Einstellungen in der Politik gerecht zu werden, auch tatsächlich eingebracht. Es ist hier nicht der Platz und es ist auch nicht meine Aufgabe, die vielen Erfolge Vranitzkys aufzuzählen. Ich weiß natürlich, daß auch er Enttäuschungen hinnehmen mußte, aber das Entscheidende für mich ist, daß er imstande war, den Zeitgeist – und ich will das Wort nicht abwertend verstanden wissen – in der Politikgestaltung zu treffen, eine breite Zustimmung für eine vernünftige Regierungspolitik zu finden und die österreichische Sozialdemokratie für die Bewältigung ihrer Aufgaben in der Gegenwart im Sinne ihrer Grundwerte zu befähigen. Nicht zuletzt durch ihn war es möglich, die sozialdemokratische Führung in Österreich ein Vierteljahrhundert lang abzusichern: eine lange Zeit also und alles in allem eine gute Zeit für Österreich!

8. Mai 1994

Begrüßung von Billy Wilder in Wien

„Wir Österreicher sind manchmal sehr schnell in der Vereinnahmung von liebgewonnenen Persönlichkeiten. Die Tatsache, daß die Geschichte und die politischen Realitäten so manches verändert haben, kümmert uns dann wenig. Und so werden Sie wahrscheinlich niemanden finden, der ernsthaft bestreiten wird, daß – nur ganz beispielsweise – Mozart Österreicher war, auch wenn Salzburg zu seinen Lebzeiten gar nicht zu Österreich im eigentlichen Sinn gehört hat. Erstaunlicher wird es schon bei einem nachweislich in Bonn Geborenen namens Ludwig van Beethoven. So darf es in weiterer Folge Sie, lieber Billy Wilder, nicht wundern, wenn es geradezu selbstverständlich ist, daß auch Sie als Österreicher gelten, oftmals auch als Altösterreicher, wobei zu bemerken ist, daß sich dieses ‚Alt' keineswegs unhöflicherweise auf ein Geburtsdatum bezieht, sondern vielmehr nostalgisch verklärt, daß das heutige Österreich Wurzeln in einem anderen, sehr viel größeren Reich hat, in dem Sie ja tatsächlich geboren wurden.
In diesem Sinn schlage ich vor, daß Sie sich ruhig vereinnahmen lassen können. Im übrigen: Die Reihe von Mozart über Beethoven bis zu Billy Wilder ist eine durchaus zufällige, unvollständige und willkürliche, aber vielleicht doch eine nicht ganz unehrenhafte."

Theo Sommer

Publizist

Österreich, Deutschland und darüber hinaus

I. „Eine Woche in der Politik ist eine lange Zeit", sagte einst der britische Premierminister Harold Wilson. Im Vergleich dazu sind zehn Jahre schon eine kleine Ewigkeit. Nur wenige Politiker westlicher Demokratien haben in jüngster Zeit die Spanne eines Jahrzehnts im Amt überlebt: Helmut Kohl in Deutschland, Ruud Lubbers in den Niederlanden, Felipe González in Spanien – und nun Franz Vranitzky in Österreich.

Mit bloßer Schlaubergerei läßt sich das nicht bewerkstelligen, und auch der Machtinstinkt reicht allein nicht aus. Zwar gehört taktische Finesse dazu, obendrein die richtige Mischung aus Aufrichtigkeit und Gerissenheit und das Geschick eines Rastelli, mit vielen Bällen leicht und locker zu jonglieren, ohne sie fallen zu lassen. Aber darüber hinaus braucht es Kraft, auch visionäre Kraft, dazu zielgerichtetes Wollen und ein auf die Gesamtheit gemünztes Ethos, das über jenes der Fachmenschen, Interessenvertreter und Gefälligkeitspolitiker hinausgeht. Vornehmlich bedarf der erfolgreiche Politiker, wie Max Weber gesagt hat, dreier Qualitäten: „Leidenschaft" – „Verantwortungsgefühl" – „Augenmaß". Und wenn Politik, nach der Definition des deutschen Soziologen, „ein starkes langsames Bohren von harten Brettern" bedeutet, dann gehören zum unentbehrlichen Rüstzeug des politisch Handelnden obendrein Sitzfleisch und – vor allen Dingen – Stehvermögen.

Ich kenne Franz Vranitzky seit der Mitte der siebziger Jahre; damals war er noch stellvertretender Generaldirektor der Creditanstalt. Seit jener Zeit bin ich ihm jedes Jahr mindestens einmal begegnet: regelmäßig bei der Bilderberg-Konferenz, die alle zwölf Monate Politiker und Wirtschaftler, Militärs, Wissenschaftler und Medienvertreter aus Nordamerika und Westeuropa zu einer Bestandsaufnahme der Weltprobleme vereint; bei deutsch-österreichischen Veranstaltungen diesseits wie jenseits der Grenze; schließlich als Journalist. Im Laufe der Jahre hat er mir mehrere Interviews gewährt, ausführliche und tiefschürfende Gespräche, die in der ZEIT abgedruckt wurden – der Hamburger Wochenzeitung, deren Chefredakteur ich zwei Jahrzehnte lang gewesen bin und die er, in schmeichelhafter Übertreibung, als eine ihm wichtige „Quelle des Nachdenkens" bezeichnet hat.

Nicht daß ich den Anspruch erheben dürfte, ihn gut zu kennen. Wie man in Wien zu sagen pflegt: Was weiß ein Fremder? Das Innere eines politischen Menschen offenbart sich dem Beobachter nur schwer, wie sich ja auch die Innereien der österreichischen Politik dem forschenden hanseatischen Fernblick nicht leicht erschließen. Die Binnenwirkung Franz Vranitzkys ist denn auch nicht mein Thema. Aber ich habe ihn auf vielen internationalen Bühnen agieren sehen und dabei

Respekt gewonnen vor seiner Fähigkeit, schwierige Zusammenhänge einfach und einleuchtend darzustellen, vor seinem praktischen politischen Sinn, vor seiner Überzeugungskraft.

Unsere Gespräche umkreisten dabei immer wieder drei Themenfelder: das Verhältnis zwischen Österreich und Deutschland, den europäischen Imperativ, schließlich die transatlantische Verklammerung zwischen Amerika und Europa. Darüber will ich berichten.

II. Deutschland hat mehr Nachbarn als irgendein anderes europäisches Land, neun an der Zahl. Gesteigerte Aufmerksamkeit zollen die Deutschen jedoch den unmittelbaren Anrainern nicht; diese sind eher die Garnierung am Tellerrand, über den sie hinausblicken auf den weiteren Horizont. Die Schatten der Vergangenheit haben sich weithin verflüchtigt, nur in Tschechien, in Polen, bisweilen in Holland lasten sie noch auf der Gegenwart. Die aber ist im übrigen bestimmt von der Verlagerung des Interesses auf die höhere Ebene der Europäischen Union.

Es gibt drei Ausnahmen von diesem Wahrnehmungsdefizit: Frankreich, den versöhnten Erbfeind von ehedem; Polen, zu dem nach tausend Jahren seltenen Miteinanders und häufigen Gegeneinanders endlich eine Brücke geschlagen worden ist; und Österreich, das den Deutschen ein Jahrtausend lang nahe war. Österreich gehörte zu Deutschland, seine Herrscher stellten die Kaiser des Heiligen Römischen Reiches bis 1806. Erst im deutschen Bruderkrieg von 1866, auf dem Schlachtfeld von Königgrätz, zerbrach die tausendjährige Zusammengehörigkeit. Von damals datierte das Ausschlußtrauma der Deutschösterreicher, nach dem Ersten Weltkrieg verstärkt durch den Artikel 80 des Versailler Vertrages, der ein Anschlußverbot enthielt, und den Artikel 88 des Vertrages von St. Germain, der die Unabhängigkeit Österreichs festlegte. Die Siegermächte unterbanden 1931 sogar eine deutsch-österreichische Zollunion.

Was der Westen den Demokraten in Wien und Berlin verweigert hatte, gestand er dann schlechten Gewissens dem Braunauer Adolf Hitler zu, der die „Wiedervereinigung" der zwei deutschen Staaten im ersten Absatz von „Mein Kampf" als seine „mit allen Mitteln durchzuführende Lebensaufgabe" bezeichnet hatte: „Gleiches Blut gehört in ein gemeinsames Reich." Im März 1938 zerriß Hitler die Pariser Vorortverträge und holte Österreich „heim ins Reich". Eine friedliche, eine freiheitliche Überwindung von Königgrätz war das nicht. Die Nazimacht ergoß sich über die Alpenrepublik. Viele Österreicher fanden sich bald in den Verliesen der neuen Herren, in Dachau und in Mauthausen. Aber viele brachen auch in tumben Jubel aus. Golo Mann formulierte „das derwischartige Geschrei der Massen" auf dem Heldenplatz, ihr schrilles

Ein Volk, ein Reich, ein Führer „erstickte, was in Lagern und Gefängnissen geschah". Die Österreicher wurden, was die Deutschen schon waren: zum kleinen Teil Opfer, zum kleinen Teil Täter, größeren Teils aber, willentlich oder unwillentlich, Mitläufer.

Sieben Jahre später lag das Großdeutsche Reich in Schutt und Asche. In Wien wie Berlin rauchten die Trümmer. Was die Friedensverträge nach dem Ersten Weltkrieg nicht vermocht hatten, die Niederlage des Nazismus schaffte es: Die Anschlußfrage wurde ein für alle Mal von der Tagesordnung der Weltgeschichte gestrichen. Ein „Anschlußtrauma" überlagerte nun das alte „Ausschlußtrauma".

Behende ging Wien in den folgenden Jahren auf Distanz zu seiner unmittelbar zurückliegenden Geschichte. Was die Deutschen verbissen als Erblast auf sich nahmen, fiel bei den Vettern der Vergeßlichkeit, der Vergessenheit anheim. Es ist oft gespottet worden, die Österreicher hätten es fertiggebracht, der Welt einzureden, daß Beethoven ein Österreicher, Hitler aber ein Deutscher gewesen sei. Ebenso erfolgreich redeten sie sich nun in allerhand verbalen Fluchtversuchen ein, ihren Anteil an Opfern erhöhend, den Anteil an Tätern unterschlagend, es sei ihnen gleichsam eine Selbstbefreiung gelungen. Deutsch wurde zur „Unterrichtssprache" degradiert. Aus tausendjähriger Gemeinsamkeit flüchteten sich die Deutschösterreicher ahnungsvoll in die Ahnungslosigkeit der pikierten Unschuld. Manche Deutsche sahen es voller Bewunderung für so viel Überlebensschläue und Verdrängungskunst.

Längst jedoch hat sich ein neues Verhältnis gelassener Koexistenz eingespielt. Österreich wurde der Deutschen liebstes Urlaubsland und ihr achtwichtigster Handelspartner. Unter allen Völkern genießen die Österreicher bei den Deutschen den höchsten Grad an Sympathie. In Salzburg und am Burgtheater spiegelte sich sichtbar und eindrucksvoll der Fortbestand der einen deutschen Kulturnation. Es gab viele Deutsche, die im Blick auf das in Bundesrepublik und DDR geteilte Deutschland eine „österreichische Lösung" zu erwägen bereit waren – nach der Formel, die Konrad Adenauer und Franz Josef Strauß 1958 geprägt hatten. Die DDR separat, aber frei – das hätte, wäre die Geschichte so streng gewesen wie die Preußische Oberrechenkammer, wäre es also nicht zu dem Glücksfall 1989 gekommen, durchaus eine tolerable Option für Deutschland sein können. Der Kieler Historiker Karl-Dietrich Erdmann entwarf damals seine Vorstellung von der Zukunft der Menschen deutscher Zunge auf dem Gebiet des alten Reiches: „Drei Staaten, zwei Nationen, ein Volk."

Die Geschichte war den Deutschen gnädig. Im Jahre 1990 ging sie über Erdmanns Vorstellung hinweg. Es bleibt nun bei zwei Staaten, zwei Nationen, zwei Völkern – zwei verschwisterten, verschwägerten Völkern, über die sich jetzt wieder ein gemeinsames Dach spannt, das der Europäischen Union. Die Betrachtung der historischen Fakten macht indessen deutlich, warum das Verhältnis zwischen Deutschen und Österreichern notwendig dichter, erinnerungsbeladener, auch sentimentaler ist als das Verhältnis zwischen den Deutschen und anderen Völkern.

Über diese historischen Verknüpfungen habe ich mich über die Jahre hinweg immer wieder mit Franz Vranitzky unterhalten. Er mochte das Beethoven/Hitler-Bonmot nicht. Auch mit der Erdmann-Formel hatte er seine Schwierigkeiten: „Ein Volk? Das ist vorbei."

Schwierigkeiten hatte er allerdings auch mit der deutschen Teilung. Ich fragte ihn einmal: „Wenn Sie ‚die Deutschen' sagen, wen meinen Sie dann?" Seine Antwort: „Dann meine ich die Leute, die heute in der Bundesrepublik und in der DDR leben."

„Wenn Sie von ‚Deutschland' sprechen, bezieht sich das im österreichischen Sprachgebrauch aber meistens auf die Bundesrepublik?"

„Ja, absolut. Kaum jemand sagt ‚Westdeutschland', aber alle sagen ‚Ostdeutschland'. Das heißt dann ‚Deutschland' und ‚Ostdeutschland'."

Die Wiedervereinigung hat ihn nie erschreckt. Im Oktober 1990, kurz nach dem Vollzug der deutschen Einheit, gab er mir auf meine Frage, was er angesichts der Wiedervereinigung empfinde, zu Protokoll: „Zunächst einmal gibt es nicht viel anderes zu sagen, als daß es den Deutschen ja eigentlich gar niemand verwehren kann, eine Grenze zu beseitigen, die durch ihr Land verläuft und die nicht nur artifiziell, sondern auch brutal war. Außerdem ist ja das Regime des Altsozialismus oder Kommunismus oder Marxismus/Leninismus zusammengebrochen. Damit mußte eine widernatürliche Grenze fallen, die durch Europa ging – und automatisch zugleich jene Grenze, die mitten durch Deutschland ging."

Angst vor einer neuen „Heim ins Reich"-Bewegung der deutschen Politik hatte Franz Vranitzky auch nach der Wiedervereinigung nicht. Den Streit um die Autokennzeichen – „ob die schön weiß auf schwarz bleiben wie früher oder ob sie nun, in einer Verbeugung vor den Deutschen, schwarz auf weiß ausgefertigt werden sollten" – empfand er als lachhaft. Auch hat er stets die Besorgnis zurückgewiesen, der Beitritt Österreichs zur Europäischen Gemeinschaft werde einen „deutschen Block" entstehen lassen; das Gerede von einem „kalten Anschluß" ließ ihn kalt. Einen „deutschsprachigen Block" setzte er nicht gleich mit „deutschem Block", wie er ja auch die Anbindung des Schillings an die Deutsche Mark nie als Zeichen der Abhängigkeit betrachtete, sondern als Ausdruck eigenständiger Stärke.

In dem größer gewordenen Deutschland sah er wohl eine Herausforderung, die er ohne Zagen anzunehmen bereit war: „Das Leben besteht ja nicht im Administrieren von Status-quo-Bedingungen, sondern in der Annahme von neuen Herausforderungen." Aber die österreichische Eigenständigkeit stand für ihn außer allem Zweifel: das Ergebnis einer leidvollen Geschichte in diesem Jahrhundert, gedeckt von einem Schulterschluß der politischen Kräfte des Landes in der Zeit nach 1945. „Dies ist heute wirklich kein Thema mehr." Er spürte wohl das nachwirkende Trauma der Vergangenheit bei manchen der Älteren unter seinen Landsleuten, doch traute, vertraute er den Deutschen voll und ganz: „Ich betrachte die grundsätzliche politische und demokratiepolitische Einstellung, die wir heute in Deutschland vorfinden, als einen ausreichenden und dauerhaften Garanten dafür, daß überhaupt kein Land in Europa sich vor irgendwelchen deutschen Übergriffen zu fürchten hat."

Über die Deutsche Frage hatte er gründlich nachgedacht. Den entscheidenden Unterschied sah er sehr genau: Es gab eben bis 1990 eine Deutsche Frage, die auf der Tagesordnung der Weltgeschichte lastete. Eine Österreichische Frage auf der weltpolitischen Agenda hingegen gab es nicht, höchstens einen Prozeß der nachholenden Identitätssuche, der Selbstanerkennung und Rollenfindung; zu vergleichen war das miteinander nicht. Und jetzt sitzen beide Länder ohnehin gemeinsam im europäischen Boot.

III. Fünfzig Jahre nach dem Zweiten Weltkrieg, 129 Jahre nach Moltkes Sieg in Böhmen, der die Deutschösterreicher aus dem Nationalverband stieß, ist Österreich der Europäischen Union beigetreten. Im Fluß der deutschen Geschichte bedeutet dies eigentlich die Überwindung von Königgrätz. Der tausendjährige Zusammenhang, den Bismarck damals zerspalten hat, ist auf der europäischen Ebene wiederhergestellt worden. Dort wissen wir ihn heute im dreifachen Sinne der Hegelschen Begriffsdefinition aufgehoben: hinfällig geworden, emporgehoben und zugleich bewahrt.

Als ich 1987 zum ersten Mal mit Bundeskanzler Vranitzky über das Thema EG-Beitritt sprach, gab er sich noch etwas zugeknöpft. Seine Prioritäten waren andere: Privatisierung der verstaatlichten Industrie, die Einführung von mehr Markt, die Förderung von Innovation und Beschäftigung. Europäische Gemeinschaft? Er hielt nichts von einer „EG-Psychose", einer Beitrittsfurcht, die ihre Wurzeln im Neutralitätsgedanken hatte: „Die ‚Psychose' ist schon einmal Unsinn, aber eine Art ‚Hurraismus' – Hurra Europa! – ist auch Unsinn." Noch war er der Meinung, daß die Beitrittsfrage nicht drängte, obwohl die Nichtmitgliedschaft eine ganze Reihe von Problemen aufwarf: „Es geht nicht darum, im Auslauf der achtziger Jahre die EG-Mitgliedschaft zu diskutieren."

Es vergingen keine zwei Jahre, da stellte Franz Vranitzky in Brüssel den österreichischen Beitrittsantrag. Bis März 1994 liefen die Verhandlungen, am 1. Januar 1995 wurde die Republik Österreich Mitglied der Europäischen Union. Das Binnenmarktprojekt hatte es dem österreichischen Bundeskanzler ratsam erscheinen lassen, den Beitritt der Alpenrepublik aktiv zu betreiben. Dabei kam ihm nach dem Ende des Kalten Krieges auch zugute, daß seine Landsleute die Europäische Gemeinschaft nicht länger als „etwas Ähnliches wie die volkswirtschaftliche Abteilung der NATO" empfanden. Die Fakten hatten sich verändert; da mußten sich auch die Einstellungen verändern.

Gedankliche Versuchungen wie das mythische Konzept „Mitteleuropa" oder das italienische Konstrukt der „Pentagonale" waren dem Bundeskanzler Vranitzky eher suspekt, jedenfalls als politische Projekte. „Auf keinen Fall eine Alternative oder ein Ersatz für die EG", befand er bündig. Den Beitrittsantrag stellte er in Brüssel unter zwei Aspekten. Zum einen: „... daß es nach der Fertigstellung des Binnenmarktes für uns notwendig ist, dabeizusein." Zum anderen: „... daß wir zum europäischen Integrationsprozeß einen wichtigen Beitrag leisten können."

Diesen Beitrag leistet Österreich in der Tat. So lenkt es den Blick der EU-Mitglieder immer wieder auf den europäischen Osten. Europa wird in den nächsten zwanzig Jahren ein Stück ottonischer, ein Stück habsburgischer werden. Wenn es wirklich Integration will, nicht bloß Partikularisierung, dann muß es sich nach Vranitzkys Überzeugung den Ländern Osteuropas öffnen. Die Vorstellung einer Europäischen Union mit 25 oder gar 30 Mitgliedern schreckt ihn nicht – allerdings hat er immer unterstrichen, daß die Clubstatuten andere werden müßten, wenn die Zahl der Clubmitglieder steige. Auf jeden Fall hält er es für richtig, bei der Verfolgung des Ziels, Sicherheit und Frieden zu schaffen, nicht an irgendeiner Grenze haltzumachen. Es muß undenkbar werden, daß einer gegen den anderen wieder eine Waffe richtet.

Seine Zukunftsvorstellungen von Europa haben mir immer eingeleuchtet. Ein föderalistisches Organisationsmodell. Kein „Block", den die Außenwelt als „Festung Europa" begreifen könnte, sondern eine Union, die über die eigene Integration hinaus Verständigung mit der übrigen Welt erzielt. Samuel Huntingdons These vom „Clash of Civilizations", dem Zusammenprall der Kulturen, kann er in der akademischen Überspitzung wenig abgewinnen. Allerdings verschließt er nicht die Augen vor manchen Bestrebungen in Asien, zum Westen einen scharfen Trennstrich zu ziehen. Daher seine Warnung: „Wir müssen aufpassen, daß in dieser Weltentrennung Europa nicht der Dauerverlierer wird, wofür es gewisse Ansätze gibt."

Es ist gut, daß Österreich und Deutschland sich in der Europäischen

Union wieder zusammengefunden haben: in gutnachbarlicher Eigenständigkeit, in gegenseitig förderlicher Kooperation, schließlich in der gemeinsamen Verpflichtung, das europäische Einigungswerk voranzutreiben. Franz Vranitzky hat einen entscheidenden Anteil daran, daß es dahin gekommen ist.

IV. Auf dem Felde der transatlantischen Beziehungen ist Vranitzkys politischer Beitrag weniger sichtbar, doch hat er auch auf diesem Acker manche Furche gepflügt. Über viele Jahre hinweg habe ich ihn bei den jährlichen Bilderberg-Konferenzen mit Vergnügen und Gewinn beobachtet. Gleichgültig, ob die Treffen in Williamsburg oder Baden-Baden stattfanden, im schottischen Gleneagles oder im spanischen La Toja, er ließ es sich auch hier nicht nehmen, dabeizusein. Und er hatte stets etwas zu den akuten Problemen der Zeit zu sagen: zum Thema Weltwirtschaft wie zum Thema Umbruch im europäischen Osten, zu Fragen der Entwicklungshilfe wie zu Fragen der Zahlungsbilanzen.

Bei diesen Begegnungen habe ich Franz Vranitzky aus der Nähe agieren sehen. Er verbindet Kompetenz mit unauffälliger Eleganz, Entschiedenheit mit Charme, Lockerheit mit Seriosität. Wer ihn erlebt, wie souverän er sich mit den Hochmögenden der Weltpolitik bewegt, der hat nicht den geringsten Zweifel: Der Sohn des Wiener Eisengießers ist längst in die Schuhe hineingewachsen, in denen sich einst Bruno Kreisky auf dem diplomatischen Parkett bewegte.

Die Bilderberg-Konferenzen – so benannt nach dem holländischen Hotel, in dem die erste Zusammenkunft dieser Art 1948 stattfand – werden von Verschwörungstheoretikern gern als Ort der weltweiten Drahtzieherei hingestellt, als geheime Weltregierung. Das sind sie mitnichten. Sie behandeln meist dieselben Themen wie jede Evangelische Akademie. Es wird dort nichts ausgekocht, beschlossen, verabredet. Man hört einander einfach zu, macht sich seine Gedanken, lernt hinzu und manchmal auch um. Von der Tagung der Evangelischen Akademie unterscheidet sich die Bilderberg-Konferenz lediglich durch die Prominenz der meisten Teilnehmer und den dadurch bedingten höheren Sicherheitsstandard: Wo Regierungschefs und Notenbankpräsidenten, Staatsoberhäupter und Wirtschaftsbosse, Generäle und die Generalsekretäre der großen internationalen Institutionen zusammenkommen, herrscht Bereitschaftsstufe 1.

Die Sitzungen sind vertraulich. Das ist so, obwohl sie zuweilen weniger interessant sind als eine anregende Redaktionskonferenz. Ich will mich auch an die Regeln halten. Nur soviel: Der Bundeskanzler der Republik Österreich schätzt das Gewicht der Vereinigten Staaten, die Bedeutung des transatlantischen Zusammenhangs, die unentbehrliche

Rolle Amerikas in der Alten Welt sehr realistisch, sehr vernünftig, sehr nüchtern ein. Und im Gespräch mit den Amerikanern ist er seit langem schon nicht bloß eine Stimme aus dem Alpen-Abseits, sondern eine kräftige, überzeugungsstarke und überzeugende Stimme Europas. Tu, felix Austria – glücklich jedes kleine Land, das sich so wirkungsvoll repräsentiert sehen kann.

V. Was mich an Franz Vranitzky immer fasziniert hat, ist noch etwas anderes. Er ist ein nachdenklicher Mensch – und er schickt seine Gedanken gern auf Wege, die abseits der ausgetretenen Pfade liegen. Jedes Gespräch mit ihm ist ein Gewinn.

Erstes Beispiel: das Thema Arbeit und Arbeitslosigkeit. „Wenn die Grundproblematik ist“, sagte er mir einmal, „daß Wettbewerbsstärkung in Europa fast nur Verminderung der industriellen und industrienahen Arbeitsplätze heißt, dann läuten bei uns noch zu wenige Alarmglocken!“ Klarer als andere Politiker und Staatsmänner sieht er den Kausalnexus zwischen wirtschaftlicher Sicherheit und demokratischer Stabilität. Ohne eine Wirtschaftsleistung, an deren Segnungen die Bürger voll teilhaben, ist keine Demokratie dauerhaft zu sichern, sagt er. Die soziale Grundversorgung setzt er gleich mit der Grundversorgung eines Landes an Demokratie. Ein richtiger Gedanke, der jedes Nichtstun auf dem Felde der Beschäftigungspolitik verbietet und der alle Verantwortlichen anstacheln müßte, aus der gegenwärtigen Ratlosigkeit und Mutlosigkeit auszubrechen.

Zweites Beispiel: das Thema Utopien. Ist mit dem Scheitern des real existierenden Sozialismus die Idee des Sozialismus überhaupt gescheitert? „Keineswegs“, antwortet Vranitzky. „Weder ist die Idee verlorengegangen noch die Utopien, die mit ihr einhergehen. In Demokratien sind der Achtstundentag und der Mindesturlaub und die gesetzliche Sozial- und Krankenversicherung und das allgemeine, freie Wahlrecht erfüllt. Es sind aber andere den Menschen bedrohende und ihn ausbeutende Entwicklungen an die Stelle der früheren getreten: Umweltzerstörung, Urbanisierung, Individualverkehr en masse, neue materielle Verarmung plus hinzukommende seelische Verarmung, Nord-Süd-Konflikt etcetera.“ Er bleibt dabei: „Die Utopien waren sehr oft die Motoren der Entwicklung.“ Max Weber hat den Gedanken ähnlich ausgedrückt – „... daß man das Mögliche nicht erreichte, wenn nicht immer wieder in der Welt nach dem Unmöglichen gegriffen worden wäre.“

Drittes Beispiel: das Thema Neutralität. „Wenn es darum geht, eine neue Sicherheitsarchitektur, eine Struktur kollektiver Sicherheit aufzubauen, dann besteht ein Mitwirken daran nicht ausschließlich im Einsatz militärischer Geräte und in dem Einsatz von Soldaten“, ist

Vranitzkys Meinung. „Ein Sicherheitssystem, teils im KSZE-Rahmen, aber nicht nur in diesem, hat doch zum Gegenstand den Terrorismus, die Verletzung der Menschenrechte, die Bekämpfung von Drogenhandel, Mißbräuchen, Schmuggel, Menschenraub. Dabei kann der Neutrale einen sehr konstruktiven, aktiven Beitrag leisten. Ich sehe also für ein künftiges Sicherheitssystem in Europa aus der Position eines neutralen Österreich eine sehr ersprießliche und – bis auf das Militärische im engsten Sinn – mögliche Mitwirkung."

Letztes Beispiel: das Thema Balkan. Da hat der Mann am Ballhausplatz nach dem Absturz Jugoslawiens in Krieg und Bürgerkrieg schon früh darauf gedrängt, daß ein Schlußstrich gezogen werde. Und früh stellte er auch schon eine Frage, die manche bis heute noch nicht gern hören: „Wie stehen wir beim Wiederaufbau der zerstörten Gebiete zur Verfügung? Wie überwinden wir die Isolation derer, die heute am Pranger stehen?"

Ein Mann also, der Anstöße gibt. Daß er zuweilen auch Anstoß erregt – wie könnte es anders sein bei einem engagierten politischen Temperament in bewegter Zeit?

VI. Die alte Weltordnung, an die wir uns in einem halben Jahrhundert gewöhnt hatten, ist zerborsten. Eine neue Weltordnung ist nirgends in Sicht, und es wird lange dauern, bis sich ihre Konturen abzeichnen. Die innenpolitischen Gegebenheiten wandeln sich ebenfalls; auch in diesem Bezirk sind die Dinge in Bewegung geraten, ohne daß sich schon absehen ließe, in welche Richtung sie treiben. Die alten Gewißheiten sind dahin. Die Staatsmänner, der Orientierungsmarken beraubt, an denen sie sich bis vor sechs Jahren noch auszurichten pflegten, müssen heute tapfer ins Ungewisse hinein handeln. Ins Ungewisse hinein zu handeln in einer Epoche, in der das Oberste zuunterst gekehrt wird – das verlangt dem Politiker jene Festigkeit des Herzens ab, die nach dem Wort Max Webers auch dem Scheitern mancher seiner Hoffnungen gewachsen ist.

Franz Vranitzky hat solche Festigkeit des Herzens in den vergangenen zehn Jahren bewiesen. Er hat vieles erreicht, vieles bewegt, vieles verwandelt. Auch wenn er mit der einen oder anderen Hoffnung gescheitert sein mag: Er hat ein Jahrzehnt durchgestanden. Und er steht noch immer.

Biographie
Franz Vranitzky

Franz Vranitzky wurde am 4. Oktober 1937 in Wien geboren. Nach der Volksschule besuchte er das Bundesrealgymnasium in Wien 17 in der Gablenzgasse, wo er im Jahr 1955 die Reifeprüfung ablegte. Anschließend studierte Vranitzky an der damaligen Hochschule für Welthandel, der heutigen Wirtschaftsuniversität Wien, wo er 1960 das Diplom erwarb. Nach mehrjähriger Berufstätigkeit wurde er 1969 zum Doktor der Handelswissenschaften promoviert.

Seine Berufslaufbahn begann Vranitzky 1960 im Rechnungswesen der Siemens-Schuckert Ges.m.b.H. in Wien. 1961 wechselte er in die Volkswirtschaftliche Abteilung der Oesterreichischen Nationalbank. 1970 wurde Vranitzky als wirtschafts- und finanzpolitischer Berater in das Büro des damaligen Finanzministers berufen. 1976 wurde er zum Stellvertreter des Vorsitzenden des Vorstandes der damaligen größten österreichischen Bank, der Creditanstalt-Bankverein, bestellt. 1981 wechselte Vranitzky in den Vorstand der Österreichischen Länderbank, wo er noch im selben Jahr zum Vorsitzenden des Vorstandes berufen wurde.

Im Zuge einer Regierungsumbildung berief der damalige Bundeskanzler Fred Sinowatz Vranitzky 1984 als Bundesminister für Finanzen in die Bundesregierung. Nach dem Rücktritt von Sinowatz wurde Vranitzky am 16. Juni 1986 als Bundeskanzler der Republik Österreich angelobt. Seither ist Vranitzky Bundeskanzler und steht seinem derzeit fünften Kabinett vor.

Seit 11. Mai 1988 ist Franz Vranitzky auch Bundesparteivorsitzender der Sozialdemokratischen Partei Österreichs. Er ist außerdem einer der Vizepräsidenten der Sozialistischen Internationale.

Bundeskanzler Vranitzky ist Träger zahlreicher Auszeichnungen. 1995 verlieh ihm die Stadt Aachen den Karlspreis für sein Engagement für die Europäische Integration und für die Tatsache, daß Österreich unter seiner Führung Mitglied der Europäischen Union geworden ist. Für seine Bemühungen um die Verbesserung des Verhältnisses zwischen Österreich und Israel und seine offenen Worte zur Rolle Österreichs während der NS-Zeit erhielt er im Juni 1993 das Ehrendoktorat der Hebräischen Universität Jerusalem. Ebenfalls 1993 erhielt Vranitzky das Ehrendoktorat der Universität Santiago de Chile und 1996 das der Ökonomischen Universität Bratislava. Franz Vranitzky ist auch Ehrensenator der Wirtschaftsuniversität Wien.

Vranitzky ist Herausgeber eines Sammelbandes für das von ihm initiierte Projekt „Themen der Zeit", an dem zahlreiche Wissenschafter mitgewirkt haben. Daneben hat er zahlreiche Artikel verfaßt.

Franz Vranitzky ist mit Christine, geborene Kristen, verheiratet und hat eine Tochter, einen Sohn und drei Enkelkinder.

Autorenverzeichnis

Heinz Fischer

Präsident des Nationalrates; 1983 Bundesminister für Wissenschaft und Forschung; 1987 Klubobmann der sozialistischen Parlamentsfraktion; seit 5. November 1990 Präsident des österreichischen Nationalrates.

Henry Anatole Grunwald

US-Botschafter in Österreich 1988 und 1989; trat unmittelbar nach der Schule als Redaktionsbote bei „Time“ ein, wo er sich bis zum Herausgeber hinaufarbeitete. Anschließend wurde er Chef der gesamten „Time“-Gruppe.

André Heller

International erfolgreicher Multimediakünstler, Schriftsteller, Entertainer und Liedermacher. André Heller lebt in Wien, der Lombardei und auf Reisen.

Henry A. Kissinger

US-Außenminister von 1973–1977; diente in den Regierungen der Präsidenten Richard Nixon und Gerald Ford als Berater für nationale Sicherheit und als Außenminister. 1973 erhielt er den Friedensnobelpreis.

Kiki Kogelnik

Künstlerin; wurde in Bleiburg nahe der slowenischen Grenze geboren. Sie lebt in New York, Wien und Bleiburg. Erste Ausstellung 1961, viele nationale und internationale folgten.

Herbert Krejci

Publizist; Vorsitzender des Aufsichtsrates des Verbunds und der VA-Tech. 1980–1992 Generalsekretär der Vereinigung Österreichischer Industrieller.

Ferdinand Lacina

Generaldirektor der GiroCredit Bank Aktiengesellschaft der Sparkassen; 1980 Staatssekretär für wirtschafts- und entwicklungspolitische Fragen; 1984 Bundesminister für Öffentliche Wirtschaft und Verkehr; 1986–1995 Bundesminister für Finanzen.

Peter Pelinka

Journalist; Chefredakteur der AZ bis 1991; ist Chefredakteur des Nachrichtenmagazins „News", Kolumnist der Wiener Stadtzeitung „Falter" und Lehrbeauftragter am Institut für Publizistik der Universität Wien.

Hugo Portisch

Publizist, 1958–1967 Chefredakteur des „Kurier", danach Chefkommentator des ORF; Autor zahlreicher Bücher und Fernsehdokumentationen (u. a. Österreich I und II).

Ari Rath

Publizist; 1975–1989 Chefredakteur und Herausgeber der „Jerusalem Post"; 1938 aus Wien vertrieben; Gründungsmitglied eines Kibbuz.

Fred Sinowatz

Bundeskanzler und Bundesparteivorsitzender a. D.; 1971–1983 Bundesminister für Unterricht und Kunst, 1981–1983 Vizekanzler, 1983–1986 Bundeskanzler und 1983–1988 Bundesparteivorsitzender der SPÖ.

Theo Sommer

Publizist; seit 1949 Journalist; 1973–1992 Chefredakteur der ZEIT, seit Oktober 1992 neben Gräfin Dönhoff und Helmut Schmidt Herausgeber des Hamburger Wochenblattes. Buchveröffentlichungen über Themen der internationalen Politik.

Die Herausgeber

Edi Keck, Geschäftsführer von Haslinger, Keck, Werbeagentur.
Heinz Lederer, Werbeleiter der Bundes-SPÖ.
Karl Krammer, Kabinettchef und Pressesprecher von Bundeskanzler Vranitzky.
Andreas Mailath-Pokorny, Büroleiter im Kabinett von Bundeskanzler Vranitzky.
Oliver Rathkolb, Universitätsdozent am Institut für Zeitgeschichte in Wien und wissenschaftlicher Leiter der Stiftung Bruno Kreisky Archiv.